KB095317

이성우 변호사의

변론외전

辯論外傳

이성우 변호사의

변론외전

ⓒ 이성우, 2021

초판 1쇄 발행 2021년 1월 27일

지은이   이성우
펴낸이   이기봉
편집   좋은땅 편집팀
펴낸곳   도서출판 좋은땅
주소   서울 마포구 성지길 25 보광빌딩 2층
전화   02)374-8616~7
팩스   02)374-8614
이메일   gworldbook@naver.com
홈페이지   www.g-world.co.kr

ISBN   979-11-6649-241-9 (03360)

• 가격은 뒤표지에 있습니다.
• 이 책은 저작권법에 의하여 보호를 받는 저작물이므로 무단 전재와 복제를 금합니다.
• 파본은 구입하신 서점에서 교환해 드립니다.

이성우 변호사의

변론외전

辯論外傳

| 이성우 지음 |

금융분쟁 사건을 중심으로

좋은땅

프롤로그

어느 선배 변호사님의 이야기입니다. 의뢰인이 선배 변호사와 상담 시 시무룩해 하면서 '법 규정에 이러이러하게 불리한 내용이 있으니 이 사건 애초에 질 사건 아니냐'라고 얘기하자 그 변호사가 "어느 법에 그런 규정이 있느냐"라고 도리어 다그쳤다고 합니다. 그런데 의뢰인이 막상 해당 법 규정을 제시하자 그 선배 변호사는 "아니 이런 부당한 법이, 이거 위헌이야 헌법소원 해야 되겠구먼"이라고 했다고 합니다.

웃어넘길 수 있겠지만 이게 변호사의 관점입니다. 애초 넘어뜨릴 수 없어 보이던 철옹성 같은 판례, 다툼의 여지가 없어 보이던 법조문 하나하나에 변호사가 문제를 제기하면서 잽을 조금씩 날리다 보면 그것이 새로운 전원합의체 대법원 판례가 되는 것이고 위헌법률이 되는 것입니다.

그 대표적 사례가 대법원이 '한국을 바꾼 시대적 판결 12건'으로 선정한 '여성을 종중원으로 인정하지 않는 종중의 조치가 부당한 여성 차별에 해당되고 국가의 기본적 법질서에 어긋난 것'이라고 판시한 2005년 전원합의체 판례입니다.

이러한 판례 변경은 법관의 치열하고 심도 있는 결단에 의해 이루어지기는 했겠지만 당연하게 인정됐던 관습에 대해 의문을 제기하고 미혼인 여성 또는 결혼해 출가한 여성과 그 자손은 종중의 구성원이 될 수 없다는 1992년 대법원 판결에도 불구하고 감히 도전장을 내민 용인 이씨 사맹공파 여성 5명과 그 변호사의 소장(訴狀)에서 비롯됐다 해도 과언이 아닙니다.

개인적으로는 저 또한 저축은행사태 당시 금융상품 성격 자체가 은행이 파산하면 전혀 원금 회수를 할 수 없는 후순위사채에 대해 피해자의 법적 구제를 위하여 치열하게 고민했고 이에 소송을 제기해 최초로 법적 구제에 대한 판례를 얻어 낸 바 있습니다. 이러한 이유로 저는 새로운 생각을 거침없이 제시할 수 있는 변호사가 좋습니다.

이 책은 제가 십여 년 동안 변호사로서 실제 수행한 사건들을 위주로 좌충우돌(左衝右突)하던 기억을 복기(復棋)한 내용을 담고 있습니다. 예전 사건 기록을 넘기다 보면, 잘 생각나지 않는 서면들도 보였습니다. 하지만 '이 사건만은 참으로 고생했구나', '당시 제가 사건에 대해서 이런저런 고민을 했었구나'가 생생하게 느껴지는, 당시 썼던 서면을 지금 써 보라 해도 못 쓸 정도로 치열한 고민과 열정이 담긴 것들이 있었습니다.

소송을 진행하다 보면 재판부의 심중이 어느 정도 느껴질 때가 있습니다. 불리한 판결이 예상되거나 특히 연말이 다가오면 고민이 됩니다. 연말이 다가온다는 것은 재판부가 인사이동으로 구성원이 바뀔 가능성이 있다는 것입니다. 실제 수행한 사건 중 12월 변론종결이 되고 느낌이 좋지 않아 변론재개를 신청하였는데 그동안 재판부가 바뀌었고 다행히 바뀐 재판부에서 좋은 결과를 얻은 적이 있습니다. 당시 변론재개신청을 하느냐에 대해서 몇 날 며칠을 고민하며 밤을 지새운 기억이 납니다.

소장의 접수부터 판결 선고 전날까지 소송의 모든 단계가 변호사의 고민으로 점철되어 있으며 소송은 변호사의 고뇌를 자양분으로 살아 움직이는 생물(生物)인 것입니다.

변호사로서는 신문지상에 오르내렸던 대규모 금융스캔들과 관련된 여러 사건을, 특히 다수 피해자를 대리한 소송을 적지 않게 수행하였습니다. 또한 해당 사건들은 모두 종결(승소 및 승소금의 지급) 시까지 3~4년이 걸리다 보니 저에게도 참으로 의미가 있었기에 더더욱 기록으로 남기고 싶었습니다. 이 책이 바로 그런 기록의 일부로, 판결문이나 준비서면 혹은 변호인 의견서에 기록되지 않은 '변론외전(辯論外傳)' 같은 것입니다.

이 책의 1장은 제가 직접 수행한 금융사건 소송을 위주로 한 변론외전으로 이루어져 있고, 2장은 일반 민형사 사건을 위주로 한 변론외전과 변호사로서의 느끼는 상념, 에피소드를, 마지막으로 3장은 여러 신문에 기고한 칼럼과 그 전후의 이야기를 적어 보았습니다. 다만 변호사는 의뢰인에 대한 비밀을 유지해야 하기에 게재된 수행사건은 개인이 특정되지 않게 서술하였고 일부는 사실관계를 다소 달리 구성하였습니다.

　《판사유감》(전(前) 부장판사 문유석 저)이나 《검사내전》(전(前) 검사 김
웅 저) 같은 재치 있으면서도 깊이 있는 책들을 보면서, '책이란 아무나 내
는 것이 아니다'라는 생각은 하였지만 그래도 용기를 내 보았습니다. 일반
독자의 관점에서 퇴고 마지막까지 내용을 다듬어 준 저의 아내가 아니었으
면 이 책이 나오지 못하였을 것입니다. 아내에게 이 지면을 빌어 감사하다
는 말을 전하며 사랑하는 아내와 아들, 딸, 어머니에게 이 책을 바칩니다.

목차

1장
금융사건의 변론외전

2장

일반 민·형사 사건의 변론외전

3장

칼럼외전

금융사건의 변론외전

사회적으로 큰 이슈가 되었던 사건을 수행하면서, 법정 안팎에서 느꼈던 소회(所懷)를, 또한 수행한 사건이 아니지만 금융사건과 관련하여 기고한 칼럼과 그와 관계된 내용을 적어 보았다.

싱글라이더(Single Rider)

2013년 동양그룹 부도 후 2014년 상반기에 약 7백여 명의 피해자들을 대리하여 동양증권(현 유안타증권)과 동양그룹 회장인 현재현 등을 상대로 다수 당사자 소송을 진행한 건과 관련된 이야기이다.

배우 이병헌이 주연을 맡아 2017년 개봉한 영화 〈싱글라이더〉는 나에게 여러모로 잊지 못할 작품으로 기억된다. 싱글라이더, '홀로 여행하는 사람' 정도로 해석할 수 있는 이 영화를 보며 만감이 교차한 이유는 이 영화가 바로 2013년 대한민국을 떠들썩하게 한 이른바 '동양그룹 사태' 이야기를 담고 있기 때문이다.

'동양그룹 사태'는 동양그룹 계열사인 ㈜동양과 동양레저 등이 1조 3000

억 원 상당의 기업어음(CP)[1]와 회사채[2]를 발행해 개인 투자자 4만여 명에게 금전적 피해를 준 사건이다. 당시 나는 피해자 수백 명을 대리해 동양증권을 상대로 지난(至難)한 법정 다툼을 벌였다. 동양그룹 계열사가 기업회생을 신청한 2013년부터 시작해 2017년까지의 일이다. 내가 이 영화를 수차례 반복해서 본 이유다.

영화의 주인공 강재훈(이병헌 분)은 증권회사 지점장이다. 그는 기러기 아빠인데 아내와 아들은 호주에서 생활하고 있다. 강 씨는 부실 채권을 판매해 고객들에게 큰 손실을 입힌다. 그 사건을 계기로 강 씨는 호주로 홀로 여행(single riding)을 떠나고, 호주에서 따로 살고 있던 자신의 아내와 아들의 삶을 담담히 지켜본다.

영화 속에는 동양그룹 사태를 떠올리게 하는 장면들이 나온다. 예컨대 증권사 지점장인 강 씨가 회사 사장에게 "회사가 절대 법정관리 하지 않을 거라고 하셨잖아요", "무려 1조 3000억 원입니다"라고 말하는 장면 등이다. 또 고객들이 직원들을 무릎 꿇게 하고 물건을 집어던져 증권사 지점이

---

1 기업이 자금조달을 목적으로 발행하는 어음형식의 단기 채권, 기업어음은 기업이 갖고 있는 신용에만 의지해 자금을 조달하는 것이 특징으로, 기업의 입장에서는 담보나 보증을 제공할 필요가 없다는 장점이 있다. 단, 담보나 보증이 필요 없기 때문에 신용상태가 양호한 기업들만이 발행할 수 있는데, 일반적으로 신용도가 B등급 이상이어야 한다(신용등급은 A 1, A 2, A 3, B, C, D 순으로 분류되고 C등급 이하부터는 투기등급임).

2 기업이 시설투자나 운영 등의 장기자금을 조달하기 위해 발행하는 채권을 말한다. 기업은 채권을 발행함으로써 사채업자에게 채무를 부담하고 이자를 정기적으로 지급해야 하며 약속된 기일에 원금을 상환해야 한다.

난장판이 되는 장면도 등장한다. 당시 동양그룹이 부도를 냈을 때 일부 지점에서 실제로 일어났던 상황을 영화로 각색한 것이라고 한다.

영화 중간중간 강 씨의 옷매무새가 여행하는 사람치고는 너무 깔끔해서 살짝 이상하다는 생각은 했다. 하지만 영화의 마지막 반전을 상영 시간 내내 인지하지 못했고 영화가 주는 여운도 너무 커서 나는 영화가 끝나고도 한참 동안 자리에서 일어나지 못했던 기억이 난다.

실제로 동양그룹 사태가 발생한 후 강 씨처럼 고객에 대한 미안함으로 극단적 선택을 하신 분이 있었다. 동양증권 지점 직원과 동양그룹 계열사 임원이었다. 동양그룹 사태가 가져온 충격은 피해자인 고객뿐 아니라 그 고객들을 상대했던 동양증권의 직원들에게도 어마어마했던 것임을 미루어 짐작할 수 있다.

당시 나는 여러 금융상품 관련 소송을 다루고 있었고, 무엇보다 저축은행 사태 때 막심한 피해를 보았던 다수의 후순위사채 투자자들이 제기한 손해배상 소송에서 좋은 결과를 이끌어 낸 경험이 있었다. 그러한 경험 덕분인지 금융소비자원으로부터 소송대리인으로 추천을 받았다. 이에 따라 다른 대형 법무법인과 함께 2014년 1월경 약 7백여 명의 피해자들을 대리하여 동양증권(현 유안타증권)과 동양그룹 회장인 현재현 등을 상대로 다수 당사자 소송을 진행하게 되었다.

'동양 사태' 피해자 779명 손배소 제기

《연합뉴스》, 2014. 1. 21.)

'동양 사태' 피해자 700여 명이 손해배상 청구소송을 제기했다.

21일 금융소비자원에 따르면 동양그룹의 사기성 기업어음(CP)과 회사채 판매로 피해를 본 779명은 동양그룹과 정부 등을 상대로 "금전적 손해를 입힌 기업과 감독을 소홀히 한 금융감독 당국에게 책임을 묻는다"며 서울중앙지법에 소송을 제기했다. 이날 이들이 법원에 제출한 손해배상청구소장은 5건으로, 총 청구액은 326억 원이다. 이들은 소장을 통해 "현재현 동양그룹 회장은 정당한 사유 없이 투자자의 이익을 해하면서 회사가 이익을 얻도록 했고, 동양증권은 고위험 상품에 대한 충분한 설명을 누락하는 등 고객 보호의무를 위반했다"고 지적했다.

이어 "금융감독원은 2006년 이미 동양그룹 계열사가 부적격 어음을 발행해 매매를 중개했음을 지적하는 등 문제점을 인식하고 있었지만 동양그룹에 대한 감독 의무를 소홀히 했다"고 비판했다.

금융소비자원 측은 "이번 소송에서 원고들은 기업뿐만 아니라 금융당국도 피해 배상의 당사자임을 밝혀내는 데 주력할 예정"이라며 "나아가 앞으로 계속될 2차 소송에서는 회계법인 등에도 배상책임을 물을 것"이라고 설명했다.

공교롭게도 나는 다수 당사자 소송을 준비하는 과정에서 해당 소송에, 돌아가신 직원 분의 투자권유설명을 듣고 상품에 투자한 고객의 분쟁 건도 포함되어 있음을 알게 됐다. 또한 변론 준비 과정에서 고객과 직원의 대화가 녹음된 유선전화 내용을 듣게 되었는데 참으로 만감이 교차했다.

동양증권에서 이름이 바뀐 유안타증권과의 소송 중 불완전 판매 내지 사기 판매에 대한 쟁점 공방은 만만치 않았다. 하지만 더욱 힘들었던 것은 유안타증권 지점의 창구 판매 직원과 고객들 간의 녹취파일을 제출받는 일이었다. 왜냐하면 녹취파일을 고객이 갖고 있는 것이 아니라 유안타증권이 보관하고 있었기 때문이다.

또한 녹취파일은 제각각이었다. 동양그룹이 부도가 나자 금융감독원이 불완전 판매 여부를 조사하기 위해서 유안타증권에서 금감원으로 일괄 제출한 녹취파일, 내가 진행한 소송에서 피고 대리인 측에서 해당 고객과 판매 직원 간의 녹취내용이라고 하면서 제출한 녹취파일, 고객이 소송 제기 전후 지점 창구에서 직접 입수한 녹취파일도 따로 있었다.

해당 녹취파일에는 창구의 판매 직원이 동양그룹 계열사가 발행한 기업어음 등을 고객에게 팔면서 설명한 내용이 들어 있다. 그 녹취에 유선통화 내용이 고스란히 남아 있는 경우 해당 통화 내용을 청취, 확인 후 이를 문서로 된 녹취록(錄取錄)으로 만들어 법원에 제출해야 했다.

그런데 유안타증권 측은 여러 개의 녹취파일 중 불리한 부분은 소송 중 제출하지 않기도 하였다. 이미 고객이 유리한 해당 녹취파일을 입수하고 있는데도 피고 측은 해당 부분만 빼고 나머지 녹취파일을 법원에 제출하기도 하는 모습에 피해자를 대리하는 입장에서 쓴웃음을 지을 수밖에 없었다.

대부분 금융상품의 가입은 지점 직원과의 인간적인 관계에 따라서 이루어지고 이 와중에 자세한 상품설명은 간과되기 쉽다. 반면 가입 관련서류 및 해당 부분에 서명·날인은 상당히 완벽하게 갖춰진 경우가 대부분이다. 그렇기에 금융관련 소송에서 승소하기란 사실 여간 어려운 일이 아니다.

결국 불완전 판매를 좌우하는 것은 가입서류가 아니라 실제 고객과 직원 간의 어떠한 대화가 오고 갔느냐다. 가입서류에는 해당 어음의 발행기업의 적지 않은 부도가능성이 기재되어 있더라도 직원의 판매 당시 녹취대화에는 가령 "동양그룹이 망할 일이 없다", "문제없이 상환된다" 등의 언급 등이 수없이 반복되어 있었다.

문제는 피해자에게 유리한 녹취파일이 금융기관에 편재(偏在)되어 있어 녹취록의 제출은 사실상 피고 측의 선의(善意)에 기댈 수밖에 없었다는 점이다. 따라서 원고 대리인이었던 나뿐만 아니라 사건을 주관 진행하는 재판장도 피고 측에 온전한 녹취파일 제출을 재차 삼차 요청하였고, 사실 이러한 녹취파일의 존부, 누락, 불일치 등의 문제로 소송기일이 공전(호轉)[3]되기 일쑤였다.

녹취파일을 일일이 듣는 것도 사실 매우 고통스러웠다. 어떤 고객은 녹취파일 백여 개를 갖고 있었는데 어떤 파일이 문제가 된 상품의 녹취파일

---

3   해당 변론기일에 변론이 실질적인 공방 없이 진행되어 반복되는 것을 지칭함.

인지 몰라 하나하나 시간을 들여 확인해야 했다. 또한 문제된 녹취파일이 있으면 이를 메모한 후 녹취업체에 맡겨 녹취록으로 제작하였고 다시 이를 준비서면에 반영하는 작업을 반복했다. 인내심을 요하는, 참으로 지난하고 어려운 과정이었다.

이러다 보니 동양그룹 사건의 경우 변론종결 당시 제출된 최종 호증[4]이 실제 갑 제593호증에 이르기도 했다. 아무리 복잡한 민사사건이라도 호증이 50여 개를 넘는 경우가 없는 게 일반적이라는 점에서, 갑 제593호증은 사건의 복잡성을 보여 주는 한 단면이라 볼 수 있다.

소송은 대부분 접수한 지 3년이 지난 시점에 여러 건이 순차적으로 선고됐다. 소송 당사자가 수백여 명이 넘어가는 터라 재판부가 인사이동으로 두 번 바뀌도록 1심 판결이 선고되지 않았다.

그리 오래 진행되던 소송에서 결국엔 상당수의 원고들이 유안타증권의 사기로 인한 불법행위 내지 불완전 판매를 원인으로 한 손해배상 책임을 인정받았다.

그렇게도 완강히 자신들의 손해배상책임을 부정하던 피고 측은 위 상당수 원고들의 승소 판결에도 불구하고 항소를 하지 않아 의아했다. 추측해 보건대 항소하더라도 결과가 바뀌지 않을 가능성이 많았고 1심이 너무 오랫동안 진행되어 쌍방 대리인이 지치긴 마찬가지였을 것이다.

---

4 원고가 제출하는 서증을 갑 호증, 피고가 제출하는 서증을 을 호증이라고 지칭하며 가령 원고가 제출하는 첫 번째 호증을 갑 제1호증이라고 한다.

사건에 대해 책임져야 할 사람들은 뻔뻔히 자기의 범죄 혐의를 부인하다가 비록 징역형을 받아 교도소에 있지만 고객들에 대한 미안함, 죄책감을 가졌던 직원은 결국 극단적 선택으로 고인이 되었다. 너무나 안타까운 현실이었다. '조금만 참지, 기다리지' 누군가의 엄마였고 누군가의 딸이었을 그분의 명복을 다시 한번 빈다.

골리앗과의 싸움

'동양그룹 사태' 당시 다수 당사자 소송 외에 개별 당사자들 소송을 진행함에 있어 동양증권의 대리인들은 모두 내로라하는 대형 법무법인 내지 법률사무소였고 이들과의 변론진행은 여러 가지로 만만치 않았는데 아래는 이와 관련한 고군분투기(孤軍奮鬪記)이다.

'동양그룹 사태'가 발생하고 한 대형 법무법인과 공동으로 대리해 동양증권을 상대로 이른바 다수 당사자 손해배상소송을 진행하였는데 다수 당사자 외에도 피해자 개인이나 회사 중에 일부는 나에게 사건을 개별 위임했다. 즉 다수 당사자 소송 서너 건을 제외하고도 개별 소송 또한 상당수의 사건을 담당하게 되었다.

한편 동양그룹 회장인 현재현을 형사 변호한 대형 법무법인은 동시에 피해자를 원고 대리하여 민사사건을 대리하기도 하였는데 이는 '현재 수임하고 있는 사건과 이해가 충돌하는 사건을 동시에 진행'하는 것이어서 결국 위 법무법인은 민사사건을 사임하였다. 위와 같은 우여곡절을 거쳐서 위 민사사건 또한 내가 소송대리인이 되어 사건을 진행하기도 하였다.

민사 소송과 더불어 현재현 전 동양그룹 회장과 정 전(前) 동양증권 사장에 대한 형사사건도 병행되어 진행되었다. 현재현은 동양그룹 계열사가 자금난을 겪으며 상환능력을 상실했는데도 2013년 2월에서부터 9월까지 동양레저, 동양인터내셔널, ㈜동양이 발행한 CP 등과 회사채를 일반투자자들에게 판매해 1조 2958억 원을 빼돌린 혐의로 구속기소 돼 형사 사건 1심에서 12년을 선고받았다. 그 과정에서 동양증권이 대만의 유안타그룹에 매각되었다.

그 후 현재현과 정 전 사장 등의 형사사건 항소심 선고에서 사기의 범위가 대폭 줄어들었고 형도 현재현은 7년, 정 전 사장은 기존 5년에서 2년 6개월로 각각 감형됐다. 항소심 재판부는 동양그룹의 1차 구조조정이 실패한 2013년 8월 20일 이후의 CP 판매(1708억 원)에 대해서만 "부도를 예상하고도 발행했다"라고 사기 혐의를 인정했다. 그 이전 판매 부분은 무죄로 판단한 것이다. 정 전 대표의 사기 범위가 줄어들었다는 형사 판결 내용은 곧 민사 사건의 상대방인 동양증권의 책임 범위도 줄어든다는 것을 의미했다.

당시 나는 형사 항소심 판결 결과를 접하고 이러한 재판 결과의 의미와 영향에 대해 한 경제지에 기고를 했다.

과연 고객의 책임인가

《파이낸셜뉴스》 논단, 2015. 5. 25.)

어느 A 대기업 계열 마트가 있었다. 그 마트에서는 여러 생산업자에게서 온 수박을 골고루 판매하는 다른 마트와 달리 A 기업 농장에서 재배된 수박만을 유독 열심히 판매하였다. 그 수박들은 상태도 좋지 않고 곧 상해 버릴 수 있다는 점을 이미 오래전부터 잘 아는 전문 도소매업체들은 이를 취급하기 거부했다. 그럼에도 불구하고 위 마트는 A 기업 수박을 다른 수박들보다 더 목 좋은 곳에 배치하여 손님들에게 팔았다. 손님들이 "이 수박 괜찮나요?"라고 물으면, 주인은 "대기업에서 문제 있는 수박 팔겠어요?"라고 하였고 손님들은 그 대기업 이름을 예전부터 들어 왔고 가게 주인을 믿었기에 그 수박을 사 갔다. 손님들은 으레 그러하듯 점원에게 "제일 괜찮은 걸로 골라 주세요"라는 말을 하였지만 마트 주인과 점원들은 위 수박만을 주로 골라 주었으며 점원들은 위 수박을 팔면 시급을 더 받기도 하였다.

수박 겉에 품질등급이 적혀 있기는 하였으나 아주 작은 글씨로 적혀 있어 눈에 띄지도 않았고 그게 어떤 의미인지 잘 설명해 주지도 않았다. 때로는 A 기업 농장에서 언제든지 새 것으로 바꿔 주니 걱정하지 말라고도 하였다.

위와 같은 판매행위가 계속적으로 반복되자 이를 지켜보던 구청은 뭔가 문제가 발생할 수 있겠다 싶어 위 마트에게 A 기업 수박의 판매규모를 줄이라고 하지만 마트 주인은 며칠 시늉만 내더니 이내 판매를 강행하였고 한참 동안 손 놓고 있던 구청은 더 이상 A 기업 수박을 팔지 말라고 최후 통첩을 하였으나, 마트 주인은 A 기업 수박 재고가 너무 많이 쌓여 있고 팔 곳이 자기밖에 없으니 몇 개월 말미를 달라고 사정을 하므로 구청은 이를 허락하였다.

이에 마트 주인은 위 기간 동안 위 수박들을 필사적으로 팔았으나 결국 팔려 나간 수박은 이내 상해 버리고 말았다. A 그룹과 그 생산업체가 모두 부도가 나 버렸으니 손님들은 마트에 문제를 제기하였지만 주인은 이내 바뀌었고 '가게 주인과 A 그룹이 수박이 곧 상할 것인지 알고 판 것이 아니냐'고 문제를 제기하는 손님들에게 '수박이 언젠가는 상한다는 것은 알고 있지 않았느냐', '오히려 우리 가게 자료를 보니 수박을 사간 기록이 많던데 수박에 대한 전문가 아니냐, 수박을 산 것은 당신 선택이지 우리 책임이 아니다. 품질등급도 붙여 놓았다'라고 하면서 자신이 책임질 일이 아니라고 하니, 위 마트를 믿었던 손님들은 기가 막힐 노릇이다.

최근 현재현 회장 등에 대한 항소심 판결은 2013년 2월부터 9월까지 동양그룹이 발행, 판매한 CP·회사채 1조 2958억 원 모두 사기죄로 인정한 1심과는 달리 2013년 8월 중순부터 발행한 1708억 원만 유죄로 인정하였다. 구조조정이 성공할 것이라고 굳게 믿었다는 현 회장 등의 주장을 취신한 것이다. 그러나 위 판결의 당부를 떠나 분명한 것은 상당기간 지속된 동양증권의 CP 등의 판매행태가 자신을 믿고 찾아온 고객의 이익을 위한 것이 아니라 주로 동양그룹의 이익을 위한 것이었다는 것이다. 자본시장법은 신의성실의 원칙에 따라 공정하게 금융투자업을 영위하여야 한다는 원칙을 분명히 선언하고 있다. 위 판결에도 불구하고 주인이 바뀐 마트의 손님들에 대한 책임이 어떻게 될지 귀추가 주목된다.

한편, 내가 진행하고 있던 민사소송 사건에서 기존에 다른 판사 출신의 변호사가 피고 대리인으로 선임되어 있던 상황이었는데, A 법률사무소가 추가로 선임되어 들어왔다. 한 심급에 두 군데의 유수의 법무법인과 법률사무소가 선임된 상태가 된 것이니 내가 얼마나 고군분투했겠는가.

그리고 내가 개별 피해자들로부터 위임받아 새롭게 제기한 1심 사건에서도 A 법률사무소가 피고 대리인으로 선임되었고 1심의 승소 판결 후 당시 상호가 바뀐 유안타증권의 항소로 항소심이 진행됨에 따라 기존 대리인에서 모두 A 법률사무소로 교체 선임됐다.

사건과 관련된 서면공방을 한창 벌이던 중 A 법률사무소의 준비서면 말미에 난데없이 당사자 아닌 소송대리인인 본인을 두고 '원고 대리인은 정도(正道)를 가라'라는 취지의 A4 1페이지 분량의 장문의 내용이 기재되어 있는 것 아닌가.

보통 상대방 주장에 대해 '터무니없다' 등의 감정적 표현을 쓰는 경우는 봤어도 '정도를 가라'라는 식의 표현은 짧지 않은 변호사 생활에서도 처음 당해 본 모욕적인 표현이었다. 다시 그 서면 내용을 곱씹어 볼수록 분노가 치밀었다.

상대방의 해당 서면 주된 내용은 다음과 같았다. 요지는 내가 원고와 증권사 직원 사이의 녹취파일을 자의적으로 편집하고 왜곡했으며 사건과 관련이 없는 엉뚱한 상품을 마치 동양계열사 관련 상품인 것처럼 인용하였다는 것이었고 그 왜곡의 정도가 심해 '변호사로서의 정도를 가라'라는 내용이었다.

너무나 황당하였다. 사건의 쟁점은 해당 직원과 고객인 원고 간의 불완전 판매 여부였다. 좀 더 구체적으로 이야기하면 직원이 ㈜동양 회사채를 판매하면서 날로 악화되는 ㈜동양의 신용등급 하락을 회사채 매수 이전에 설명했느냐 여부가 소송의 쟁점이었다.

회사채 투자대금을 이체하고 난 후 투자계약서가 작성되고 그제야 신용등급 변동을 설명한 것은 특별한 사정이 없는 한 불완전 판매이다. 만약 신용등급의 중대한 변경이 있었고 투자금을 이체하기 전에 이를 직원이 자세히 설명하였다면 해당 고객은 투자를 하지 않았을 가능성이 많기 때문이다.

소송 중 원고 대리인인 나는 해당 직원이 동양그룹 계열사의 신용등급 변동을 설명하지 않았다는 주장을 했고 상대방은 제대로 설명했다고 반박했다. 근거를 대기 위해 나는 상품판매 당시 남아 있었던 원고와 판매 직원 사이의 유선전화 녹취파일을 녹취록으로 만들어 그대로 제출하면서 서면에 문제된 부분을 인용하여 기재했다.

나는 '피고 측에서 제출한 녹취파일을 그대로 녹취록으로 만들어 제출하였을 뿐인데 무슨 자의적 편집이냐'라고 하면서 피고 측의 표현은 매우 부적절하다고 반박했다.

이윽고 해당 판매 직원이 법원에 증인으로 소환됐다. 나는 변호사 생활을 하며 처음으로 녹취파일을 법정에서 틀어 달라고 재판부에 요청했다. 기존 증인 앞에서 녹취업체에서 작성한 녹취록, 즉 서면을 제시하면서 신문을 하던 관례에서 벗어난 진행이었다. 자의적 편집을 했다는 피고 측의 주장에 대한 무언의 반박이었다. 이에 따라 재판부도 녹취파일 내용을 정확히 들었다.

1심에서의 결론은? 나의 승소였다. 재판부가 상대측 표현에 의하면 '정도를 가지 않고 왜곡을 일삼는' 나의 손을 들어 준 셈이었다.

이 사건에서 상대방 법률사무소는 항소까지 하면서 심하게 다투었다. 하지만 해당 법률사무소는 어처구니없게도 항소심 변론종결을 하루 앞두고, 자의적 편집을 했다는 녹취록 관련 원고에 대한 항소를 취하[5]하여 해당 원고 부분은 승소 판결로 확정됐다.

아래 기사는 내가 또 다른 피해자 분을 대리하여 진행한 사건으로, 유안타증권을 상대로 한 소송에서 대법원까지 가는 공방 끝에 승소한 사건을 다룬 내용이다. 동양그룹 사태 당시 민사 손해배상소송으로는 처음이자 유일한 대법원 판결로 주요 경제지에 기사화되었다.

---

5   항소인이 항소를 취하할 경우 피항소인(被抗訴人, 항소를 당한 당사자)이 승소한 원심판결이 확정된다.

1조 7000억 피해 '동양 사태' 민사 첫 대법 판결…

"불완전판매 손실 60% 배상해야"

《한국경제신문》, 2018. 7. 4.)

2013년 8월 20일 이전 '사기성 CP' 아닌데도 3배 높은 60% 배상 판결

피해자 해외체류 당시 전화로 투자 권유… 자본시장법상 설명의무 위반

"그동안 법원 판결 피고측에 유리" VS "친인척 특수상황 감안한 것"

동양 사태 피해액 중 76%인 1.3조 회수… 피해자 소송 마무리 단계

사기성 기업어음(CP)과 회사채발행으로 4만여 명 투자자에게 1조 7000억 원 가량의 피해를 안긴 '동양 사태' 관련 민사소송의 첫 대법원 확정판결이 나왔다. 증권사의 '불완전 판매'에 대해 60%의 배상 책임을 인정해 이례적인 판결이라는 평가다. 불완전 판매는 고객에게 상품의 위험도와 손실 가능성 등을 제대로 고지하지 않은 금융기관의 판매다.

대법원 3부(주심 김창석 대법관)는 3일 '동양 사태' 피해자 손 모 씨가 유안타증권(구 동양증권)과 소속 직원 윤 모 씨를 상대로 제기한 손해배상청구 소송에서 "피고가 원고에게 손해액의 60%인 1800여만 원을 배상하라"는 원심 판결을 확정했다고 밝혔다. 기존 불완전판매에 따른 자본시장과 금융투자업에 관한 법률(자본시장법) 위반 소송 배상률이 20%대를 보인 것에 비하면 3배가량 높은 수준이라는 것이 법조계의 분석이다.

손 씨는 친인척 관계인 윤 씨의 권유로 2013년 8월 13일 동양인터내셔널의 전자단기사채에 5000만 원을 투자했다. 윤 씨는 손 씨가 해외 체류하

던 당시(13일) 전화를 걸어 투자를 안내했고 이후 친필 서명을 받아 계약을 완료한 것으로 알려졌다. 그러나 같은 해 10월 동양인터내셔널은 동양그룹 계열사의 부실 위험이 전이되면서 회생절차에 들어갔고 손 씨가 매입한 사채는 부도처리됐다. 손 씨는 손실된 투자원금에 대해 배상하라며 윤 씨와 당시 동양증권을 상대로 소송을 제기했다.

법원은 피고들이 적극적인 기망(속임)행위를 했다고는 보지 않았지만 설명의무를 위반했다며 동양증권 측의 배상책임을 인정했다. 2심 재판부는 "피고들은 2013년 8월 19일 이전에는 동양인터내셔널의 기업어음 및 회사채에 관해 위 발행회사가 부도 위기에 처해 상환되지 못할 것을 알 수 없었다"면서도 "금융상품의 위험성이 높은 경우 금융투자업자는 그 위험성에 관해 더욱 상세하게 고객에게 설명할 의무가 있다"고 지적했다. 자본시장법 제47조는 증권사 등 금융투자업자의 설명의무를 규정하고 있다.

법조계에선 사기성 CP발행으로 판명난 2013년 8월 20일 이전에 발행한 채권에 대해서도 이례적으로 높은 배상률이 나왔다는 점에 주목하고 있다. 그동안 법원은 2013년 8월 20일 이후에 발행한 채권에 대해서만 '사기'라고 보고 손해를 배상하라고 판결했다. 기업회생절차(법정관리) 위기에 직면한 동양그룹이 계열사 매각을 통한 회생이 사실상 불가능하다고 인지한 시점이 그 해 8월 19일(내부 임원회의)이었기 때문이다.

손씨의 소송 대리를 맡은 법무법인 대호의 이성우 변호사는 이번 판결에 대해 "사기혐의가 아닌 불완전 판매로도 충분한 배상을 받을 수 있음을 보여 줬다"고 평가했다. 김대성 동양그룹 채권자 비상대책위원회 대표는 "그동안 김앤장 등 막강한 로펌을 동원해온 피고 측에 법원이 지나치게 유리한 판결을 내렸다는 증거"라고 지적했다. 하지만 피고 측을 대리한 김앤장법률사무소는 이번 판결이 다른 동양 사태 관련 판결에 영향을 주지 않을 것으로 내다봤다. 배상률이 60%나 높게 나온 것은 원고와 피고 측이 친인척간인 특수한 상황을 감안한 것이기 때문이라는 주장이다.

동양 사태는 2013년 현재현 당시 동양그룹 회장이 경영권 유지를 목적으로 부실 계열사 회사채와 CP를 판매해 투자자들이 대규모 피해를 입은 사건이다. 2013년 동양그룹의 법정관리 신청 당시 투자자들의 피해는 1조 7000억 원으로 집계됐지만 현재 76%인 1조 3000억 원이 회수됐다. 1조 2400억 원은 동양시멘트(삼표시멘트에 인수), ㈜동양(유진기업에 인수), 동양파워(포스코에 인수) 등 계열사가 비싼 값에 팔려나가면서 회수됐다. 금융감독원의 분쟁조정으로 600억 원이 지급됐다. 현재 민사 소송은 10여 건이 남아 있다. 유안타증권 관계자는 "현재 피해자 소송은 거의 마무리단계"라고 말했다.

참고로 위 사건은 대법원 판례공보[6]에 게재되기도 하였다.

---

6   법원도서관 2018년 7월 15일 제542호 2018. 6. 15. 선고 2016다212272 판결 [손해배상(기)]

그게 사건이 되겠어?

저축은행 후순위사채와 관련된 손해배상 사건을 진행하려던 초기, 선배 변호사들이 위 사건을 추진하려고 했던 나에게 한 말이었다. 소송 상대방인 저축은행이 파산되었는데 설사 승소하더라도 피해금을 회수할 수 있을까. 말 그대로 후순위사채인데 어떻게 법리적으로 구성하고 사건을 이끌어 나갔는지 기록해 보았다.

2000년대 들어와서 저축은행들은 거칠 것이 없어 보였다. 가장 대표적인 대형 저축은행이었던 솔로몬저축은행은 2002년부터 다른 저축은행들을 잇따라 인수했고 최악의 저축은행 사태를 불러온 부산저축은행도 2008년 대전저축은행, 전북 고려저축은행 등을 인수하는 등 M&A를 통해 대형화를 꾀했다.

그러나 해당 저축은행들 내부는 이미 부실할 대로 부실화되어 있었다.

즉 위험관리체계, 경쟁력 등이 미흡한 상황에서 대형·계열화 심화로 동반부실 가능성이 확대되었고 저축은행 개인 대주주들에 대한 견제 장치가 부족해 저축은행은 그들의 사금고(私金庫)화돼 있었던 것이다.

무엇보다 2000년대 중반부터 이미 부동산 경기 침체로 인한 지방 미분양 사태는 지방 중소건설사의 도산을 불러 왔다. 이는 저축은행이 벌여 온 아파트 건설비용 등에 대한 PF대출의 부실화를 초래했으며 급기야 2008년 글로벌 금융위기로 부실문제가 본격 표면화됐다.

상당수 저축은행은 이러한 부실을 분식(粉飾)으로 덧칠하고 있었다. 즉 저축은행은 BIS 비율(국제결제은행의 기준에 따른 위험가중자산에 대한 자기자본 비율)이 8%에 이르지 못할 경우 동일 차주(借主)에게 80억 원 이상 대출할 수 없다. 5% 미만일 경우 금융감독원의 경영개선 명령을 받아 감독관이 상주하는 한편 신규 대출에 제한을 받게 된다.

5000만 원 이상 예금은 예금자 보호가 되지 않는다. 따라서 BIS 비율이 낮을수록 고액 예금 수신유치나 후순위채 발행에 불리하게 된다. 이에 따라 일부 저축은행들은 결산 시마다 대손충당금을 과소 계상하거나 미실현 이익을 과다 계상하는 방법으로 분식 결산함으로써 자기자본비율을 일정 비율 이상으로 맞춘 것이다.

이러한 상황에서 저축은행들은 2009년과 2010년에 걸쳐 상당한 금액의 후순위사채[7]를 발행 판매했다. 당시 저축은행들은 투자자들에게 위험성

---

7   예금자보호대상이 아닌 채무증권으로, 채권발행기업이 파산했을 때 채무 변제순위가 일반채권보다 뒤에 있는 채권으로, 금융회사는 주로 자기자본비율 제고를 위해 발행한다.

을 제대로 설명하지 않았다. 때문에 은행이 아님에도 저축 '은행'이라는 명칭에서 오는 심적 안전성에다가 연 8~9%의 고율의 이자가 지급되고, 그 이자 또한 매월 내지 매분기별로 지급되는 상품이어서 노년층과 퇴직자 등이 많이 투자했다.

그러나 위와 같은 부실의 뇌관은 얼마 지나지 않아 터지기 시작했다. 이른바 2011년부터 시작된 저축은행 사태에서 가장 먼저 영업이 정지된 곳은 삼화저축은행이었다. 해당 저축은행은 2009년도 회계연도 공시를 2010년 9월까지 해야 했지만, 이를 하지 않아 2010년 11월경 과태료를 부과받았다. 6월 말 결산인 저축은행들은 3개월 이내에 전자공시시스템(DART) 등을 통해 회계감사 결과를 공시해야 한다. 하지만 삼화저축은행은 결산 공시를 미뤘는데, 이는 금감원 검사 결과 적기 시정조치 대상(BIS 비율 5% 미만)에 올라 있었기 때문이었다. 이 말의 뜻은 적기 시정조치 대상임을 공시하느니 차라리 공시를 하지 않고 당시 500만 원밖에 되지 않은 과태료를 선택한 것이었다.

당시 나는 금융사건을 전문으로 다루는 이른바 부티크 로펌 소속 변호사로서 PF계약의 작성·검토하는 일을 담당하고 있었는데 해당 업무가 2008년 글로벌 위기 이후 급속도로 줄어들었고 심지어 자문 건 중 부실화된 PF사업장 정리 등의 업무가 점차적으로 들어오고 있는 상황이었다.

그래서 은행 내지 특히 저축은행의 부실화를 어느 정도는 짐작하고 있었다. 이러한 상황에서 삼화저축은행의 과태료 관련 기사를 주목할 수밖에 없었다. 아니나 다를까 기사가 나온 지 얼마 지나지 않은 2011년 1월 삼화저축은행은 영업정지 되었고 곧이어 5월경에는 파산신청을 해서 해당 저축은행의 후순위사채 투자자와 5000만 원[8] 초과예금자들은 이른바 '멘붕'상태에 빠진다.

당시 나는 소속 변호사 생활을 정리하고 변호사 개업을 준비하고 있었는데 파산이 되면 한 푼도 받지 못하는 후순위투자자들을 대리하는 소송을 제기하기로 마음먹었다. 그런데 갓 개업한 변호사에게 그러한 대규모의 사건을 누가 맡길까? 나 자신도 반신반의(半信半疑)하였으나 억울한 투자자들이 어떻게든 구제받아야 한다는 정의감은 충만한 상태였다.

그러나 저축은행의 도산은 기존에 흔하지 않아 위와 같은 소송의 선례가 거의 없었다. 어떻게 법리 구성을 하고, 파산된 경우, 누구를 상대로 소송을 하는지, 소송을 하여 승소하더라도 저축은행이 파산되었으니 받을 수 있는 돈이 있는지 여러 가지 난관이 쌓여 있었다.

아래는 이런 상황에서 사건과 관련해 일간지에 기고한 글이다.

---

8 예금자보호가 되는 원리금의 한도이다.

저축은행 피해자 눈물 닦아주길

《서울신문》, 2011. 10. 6.)

7개 저축은행의 영업정지가 지난달 18일 발표되었다. 이들에 대한 금융감독원의 경영진단 결과, 일반대출로 분류된 프로젝트파이낸싱(PF) 대출이 많은데다 불법대출도 상당한 규모로 이루어졌다고 하는데, 이는 이미 영업 정지되었던 저축은행 사건 경과와 별반 다르지 않다.

이번 영업정지 저축은행들의 경우, 5000만 원 초과 예금자는 후순위 채권자보다 많으나 5000만 원 초과 총액은 후순위 채권 총액보다 적다. 이는 삼화저축은행이나 부산저축은행과는 확연히 다른 양상이다. 즉, 삼화저축은행이나 부산저축은행 계열의 경우, 5000만 원 초과 예금이 후순위 채권보다 금액과 인원 면에서 훨씬 많았는데 이러한 이유는 영업정지 저축은행의 예금자들이 학습효과에 따라 이미 상당금액을 분산·인출한 때문으로 보인다. 후순위 채권의 경우 영업정지의 징후가 보이더라도 위험을 분산할 수도 없으니 후순위 채권 투자자의 피해만이 고스란히 남는 것이다.

현재 5000만 원 초과 예금자들과 후순위채 매입자에게 가장 좋은 시나리오는 우량저축은행이 영업정지 저축은행을 통째로 매입하는 인수합병이 이루어지는 것이겠지만 동반부실의 가능성이 있다는 점에서 그 가능성은 희박해 보인다. 결국 영업정지기간 동안 경영개선명령이 이루어지지 않으면 삼화저축은행의 처리방식과 동일하게 자산부채인수(P&A) 방식으로 영업정지 저축은행의 자산과 부채(5000만 원 미만 예금채무)를 인수 금융기관으로 선별 이전하고 5000만 원 이상 예금에 대해서는 일부는 개산지급금으로, 나머지는 추가 파산배당금으로 지급되고, 후순위 채권은 그 가치가 '0'이 될 것이다.

결국, 문제는 일반 채권자인 예금초과자들의 파산배당률을 어떻게 상향할 것인지와 보호할 필요성이 있는 후순위 채권자들의 선별적 구제이다. P&A 후 주로 예금초과자들로 구성된 잔존채권자들의 파산배당률이 바로 파산절차에 들어갔을 경우의 파산배당률에 비해 하락해서는 안 되는 것은 당연하다. 만약 배당률이 하락한다면, 그 자산양도는 이론상 파산법상의 부인권(否認權)의 대상이 될 수도 있기 때문이다.

후순위사채에 대해서는 금감원이 후순위채 피해자 신고센터를 통해 불완전판매를 판단한다고 하는데, 이러한 절차는 생색내기에 불과한 요식행위가 되지 않아야 한다. 또한 불완전판매의 입증책임은 민사소송법상 원칙적으로 후순위사채 매입자에게 있다고 할 수 있는데, 후순위사채 매입자 중 적지 않은 비율이 고령자인 상황에서 이를 입증하기란 쉽지 않은 일이다. 완전판매의 입증을 저축은행 측이 하도록 하는 방향으로 사실상 운용되어야 할 것이다.

더불어 특히 소송에서 중요한 쟁점이 될 수 있는 후순위사채 발행 자체의 불법성, 즉 후순위채 발행 당시의 분식회계 또는 국제결제은행(BIS) 기준 자기자본비율 조작 관련 정보에 대해서는 금감원, 저축은행의 비리를 수사하는 형사 기관, 예금보험공사가 이를 독점하고 있다고 해도 과언이 아니라는 점에서 이번에 구성되는 검찰의 저축은행 비리 합동조사단은 저축은행의 불법대출, 대주주, 임원들의 은닉재산 추적뿐만 아니라 위의 사항들도 철저하게 밝혀야 할 것이다. 이번 저축은행 비리 합동조사단이 그야말로 서민들의 눈물을 닦아 주기를 기대해 본다.

우선 피해자들이 배상을 받기 위해선 후순위사채권자의 지위를 배당 순위에서 말 그대로 '후순위'인 후순위사채권자가 아닌 다른 일반채권자와 동일하게 배당받을 수 있는 가능성이 있는 지위로 만들어야 했다. 만약 소송을 통해 후순위채 자체가 아닌 손해배상청구권이라는 일반채권으로 변환시킨다면 피해자들이 다른 일반 채권자와 동일한 순위로 배당받을 수 있으므로 어느 정도 손해가 회복될 것으로 보였다.

문제는 저축은행이 파산했으니 승소해도 나올 돈이 있느냐는 것이었다. 이런 측면에서 선배 변호사들은 사건의 적극적인 수행에 매우 회의적이었다. 그러나 나는 일반 기업과 달리 금융기관이 자기소유 부동산을 담보로 제공하여 대출을 받는 일이 없다는 점을 생각해 보면, 선순위 파산담보권자 없이 일반채권자들만 있으므로 소송에서 상당비율 회수될 가능성이 있다고 보았다.

물론 부산저축은행과 같이 훨씬 낮은 파산배당률을 보였던 저축은행도 있었지만 결론적으로 손해배상소송이 종결될 즈음 삼화저축은행의 파산배당률[9]은 70% 정도였다.

여기에 최종 판결에서 투자액의 약 70% 정도를 배상하라고 판결이 났으니 그 회수율은 50%(배당률 70% * 배상률 70%) 정도였던 셈이다. 살아 있는 일반 금융기관에 대한 불완전판매 판결에 따른 회수율이 피해액의 20~30% 정도에 그친다는 점을 감안한다면 결과적으로 내가 수행한 소송을 통해 피해자들의 피해는 상당히 회복된 것이었다.

하지만 소송 제기 당시에는 이러한 파산배당률에 대한 정확한 정보를 도저히 알 수 없었고 '부실하니 파산되었고 결국 회수될 것이 없지 않느냐'라는 불안감이 소송 내내 압박감으로 작용했다.

더구나 이 소송은 저축은행 파산 관련 파산법리, 분식회계에 따른 외부감사에 관한 법률, BIS 자기자본비율 등의 허위 기재를 원인으로 한 자본시장법상 사기적 부정거래 위반 등의 법률문제가 어지럽게 혼재되어 있었다. 또한 BIS 자기자본비율 및 대손충당금 등 매우 실무적인 금융지식과 회계지식이 필요한 사건이었다.

이에 소송 제기 전 삼화저축은행의 앞으로의 파산경과, 흐름 등을 예상

---

9   파산배당률은 파산관재인이 파산재단에 속하는 재산(저축은행이 소유하고 있는 각종 부동산, 대출 등의 채권 등을 상정할 수 있다)을 환가하여 얻은 금전을 파산채권자에게 그 채권의 순위, 채권액에 따라 평등한 비율로 분배하여 변제하는 변제비율을 뜻한다. 은행에서는 예·적금을 든 사람들이 대표적이다, 후순위사채는 위 예·적금을 든 사람들이 모두 배당을 받은 후 후순위로 배당을 받으므로 사실상 돌아갈 몫이 없다.

해 보고 관련 법률문제를 심도 있게 분석해 보았다. 여기에 더해 2011년 5월경 삼화저축은행의 대표이사 등이 불법대출 등을 원인으로 한 횡령, 분식회계 등으로 기소가 되어 승소 가능성을 점칠 수 있었다.

이윽고 2011년 6월 초 1차 소송으로 후순위사채 투자자들을 대리하여 삼화저축은행, 부실감사를 이유로 외부감사 회계법인과 금감원 등을 피고로 하여 법원에 손해배상 소송을 제기했다.

삼화저축은행 피해자 22명… 신삼길-금감원장에 손배소

《동아일보》, 2011. 6. 6.)

불법 대출과 정관계 로비 의혹 등으로 문을 닫은 삼화저축은행이 발행한 후순위 채권을 산 피해자들이 신삼길 삼화저축은행 명예회장과 권혁세 금융감독원장 등을 상대로 손해배상청구소송을 내기로 결정했다. 이번 소송은 저축은행 사태와 관련해 피해자들이 제기하는 첫 손해배상 소송이다.

삼화저축은행이 2009년 6월과 12월 두 차례에 걸쳐 발행한 255억 원 규모의 후순위 채권을 샀다가 피해를 본 투자자 22명은 최근 만나 이같이 결정했다고 5일 밝혔다. 이들은 7일 서울중앙지법에 소장을 제출할 예정이다.

피해자들은 "삼화저축은행 측이 투자설명서와 투자팸플릿에 적힌 국제결제은행(BIS) 기준 자기자본비율을 서로 다르게 기재하는 꼼수를 부리고 프로젝트파이낸싱(PF) 대출금 비중을 허위로 적어 피해를 봤다"고 주장했다. 삼화저축은행이 '8 · 8클럽'이라고 홍보해 왔으나 사실과 달랐다는 것. 8 · 8클럽이란 BIS 자기자본비율이 8% 이상이고 연체기간이 3개월 이상인 부실채권을 의미하는 고정이하여신 비율이 8% 이하의 요건을 충족하는 저축은행으로 정부는 8 · 8클럽에 들어가면 우량 저축은행으로 보고 동일 개인이나 법인에 80억 원까지 대출할 수 있도록 했다. 또 이들은 "삼화저축은행에 대한 외부 감사를 맡았던 D회계법인은 삼화저축은행 감사보고서 작성 과정에서 주요 사항을 누락하거나 사실과 다르게 작성한 책임, 권 원장은 부실 · 불법대출 및 분식회계 재무제표 조작 등을 방지하지 못한 책임이 각각 있다"며 소송 대상에 포함시켰다.

법조계에서는 이번 소송이 금융회사와 금융감독당국 간 유착에 따른 책임을 인정해 국가가 피해자들의 손해를 배상해주는 첫 사례가 될 수도 있다는 전망이 나온다. 금융당국이 저축은행의 부실 경영을 사전에 방지하고 적정한 조치를 내리는 대신 로비를 받으며 불법 부실대출을 눈감아 준 사실이 검찰 수사결과 드러나고 있기 때문이다.

호기롭게 시작한 사건은 처음부터 난관(難關)에 부딪혔다. 소송에서 주된 쟁점이 되는 삼화저축은행의 분식회계에 대해서 정확한 공소장을 입수하지 못한 채, 분식회계 등이 기재된 기소 내용이 담긴 기사를 근거로 소송을 제기하였다. 그러나 소 제기 후 공소장을 확보해 보니, 분식회계 기간이 문제된 후순위사채 발행 판매 시점 이후로 기재되어 있는 것이 아닌가.

다시 말해, 분식회계 된 감사보고서의 공시 후 투자자들이 그 분식회계 사실을 알지 못하고 후순위사채를 취득해야 이른바 손해배상의 인과관계가 성립된다. 그런데 공소장 내용대로라면, 분식회계 된 감사보고서 공시 시점 이전에 후순위사채가 판매된 것이어서 분식회계와 후순위사채투자 간의 시간적 인과관계가 부정되는 문제점이 발생하는 것이었다.

이에 따라 나는 제1차 소송자들을 대리하여 기존에 횡령, 배임으로만 기소된 삼화저축은행 전 대표이사 등을 후순위사채 판매에 대한 사기 및 사기적 부정거래로 고소하였다. 이러한 고소를 통해서 유리한 형사결과를 얻어 민사사건에서 유리한 고지를 얻기 위함이었다.

그러나 그 결과는 무혐의(無嫌疑)결정. 이에 대해서 다시 항고(抗告)[10] 그리고 어렵게 얻어 낸 수사재기명령.[11]

당시 형사사건에서 제출된 고소인 의견서의 일부이다.

---

10 검찰의 무혐의결정에 대해서 상급검찰청에 무혐의결정이 타당한지에 대해서 다시 한번 더 판단해 달라는 취지로 제기하는 불복절차이다.

11 무혐의결정을 내린 것이 수사미진 등의 잘못이 있으니 다시 수사하라는 결정, 다만 반드시 기소하라는 의미는 아니므로 재수사시 다시 무혐의결정이 나올 수 있음.

변호인 의견서

사건

피고인 ○ ○ ○ 외 2

위 사건에 관하여 고소인의 대리인은 다음과 같이 의견서를 제출합니다.

다음

1. 은행의 기원 및 이 사건의 성격

가. 은행의 기원

은행은 중세 북부 이탈리아 도시국가들로부터 탄생했다고 알려집니다. 지중해 무역을 장악한 베네치아와 같은 이탈리아 북부 도시국가들은 상업이 발달하게 되었고 그 무역의 결과로 상인들은 많은 금을 벌어들일 수 있었습니다. 그런데 그런 금을 다 집에 보관하자니 경비원도 고용해야 하고 좋은 금고도 갖추어야 하는 등, 비용이 너무 많이 들었습니다. 그래서 금은방에 금을 보관해 달라고 맡기면서 금의 순도, 무게 등이 기록된 보관증을 받아 갔는데 그 보관증은 금은방에 제시되기만 하면 언제든지 금을 찾아갈 수 있는 증서였습니다. 따라서 보관증은 종이에 불과하지만 맡긴 금과 동일한 가치를 지니게 되었습니다. 이에 따라 상인들은 휴대와 보관이 힘들 금보다 이러한 증서를 상거래에 활용하기 시작하였습니다. 여기에서 상인들이 금을 맡긴 금은방이 은행의 기원이 된 것이고 금 보관 증서는 현재 우리가 쓰고 있는 종이 화폐의 기원이 되었습니다. 많은 상 인들이 금은방에 금을 맡기고 그 보관증으로 거래를 하기 시작하자 금은 방 점주들은 생각 외로 상인들이 금을 잘 찾아가지 않는다는 것을 발견합 니다. 또한 사람들이 찾아가는 금과 맡기는 금을 고려하면 항상 일정 수 준의 금은 금고에 계속 남아 있다는 사실도 알게 되었고 따라서 보관되 는 금을 그냥 두기보다는 좀 더 적극적인 활용방안을 찾게 됩니다. 그것 은 바로 상인들이 맡긴 금 중에서 늘 금고에 남아 있는 일정 수준의 금을 대출의 형태로 필요한 사람들에게 빌려주고 이자를 받는 것이었습니다. 이것이 바로 본격적인 은행업의 시작이었습니다. 상인들이 맡긴 금은 일 정했지만, 그 금을 맡긴 보관증으로 거래가 일어나고, 초기 은행들은 상 인들이 맡긴 금으로 대출을 해 줌으로써 상인들이 그저 금을 본인 금고에 보관하고 있을 때보다 훨씬 더 많은 거래 창출 효과가 탄생하기 시작했습 니다. 바로 이러한 효과 때문에 실물 산업의 발전과 경제 성장에 은행이 크게 이바지할 수 있었던 것입니다.

초기 거래에 있어 많은 상인들이 은행의 기원이 된 금은방에 금을 맡기고 이를 근거로 발행된 보관증서와 이를 기초로 발생된 대출 등은 해당 금은 방이 관련된 거래 당사자들이 해당 은행이 일정 수준의 금을 반드시 보관 하고 있음에 대한 신용을 기초적 전제로 하는 것이었습니다.

나. 이 사건의 성격

위와 같이 이 의견서의 시작을 은행의 기원부터 거창하게 시작한 것은 상투적으로 들릴 수도 있지만 기본적으로 은행이라는 곳의 가장 중요한 기초가 신용(信用)이라는 점을 강조하기 위한 것입니다. 무엇보다 '남의 돈'으로 부가가치를 창출하기에 일반 기업보다 그 신용을 속이는 행위에 대해서 매우 엄격하게 책임을 물어야 합니다.

은행의 기원에 비추어 이 사건(다른 저축은행 경우에도 마찬가지라 할 것입니다)을 비유하자면, 삼화저축은행은 자신이 일정 수준의 BIS 자기자본비율 등에 미치지도 못하면서 분식회계를 통하여(일정 수준의 金을 보관하고 있지도 않으면서) 마치 우량한 은행인 양 그리고 '은행'이라는 명칭을 신뢰한 후순위채 투자자(금 소지자)를 속여 후순위채 투자금(금)을 유치하여 기존의 부실을 그 금원으로 다시 돌려 막기 하다가 더 이상 버티지 못하고 영업정지와 파산을 한 것으로, 이러한 행위는 일반 기업의 분식회계의 방법으로 증권의 발행과 유통을 통해서 일어나는 사기적 부정거래 내지 사기보다 매우 엄격하게 다루어야 하며 더욱이 은폐된 부실과 부실경영의 잘못을 온전히 개인들에게 전가시킨다는 점에서 엄중히 다루어야 할 중대범죄라 할 것입니다.

다. 금융투자상품 매매시의 정보 진실성 요구

은행이 후순위채를 발행하는 경우, 은행의 후순위채를 매입하는 투자자는 회사의 재무상황 및 수익의 안정성 등을 검토하고 계속기업으로서의 존속 가능성과 향후 수익성을 고려하여 투자를 결정하게 되므로 각 회계연도마다 작성·공시되는 재무제표 및 우량저축은행의 구별지표가 되는 BIS자기자본비율 등은 중요한 투자판단 요소가 되며, 따라서 후순위채를 발행할 경우 사실대로 작성·공시된 재무제표와 증권신고서 및 투자설명서를 제시해야 할 의무가 있습니다.

한편, 자본시장과 금융투자업에 관한 법률(이하 '자본시장법'이라 합니다)은 유가증권 등 금융투자상품의 매매 및 그 밖의 거래에 있어 중요사항에 관한 기재가 누락되거나 허위 사실을 기재하는 것을 엄격히 금지하고 있으며 따라서, 누구든지 금융투자상품의 매매(증권의 경우 모집·사모·매출을 포함) 그 밖의 거래와 관련하여 중요사항에 관하여 거짓의 기재 또는 표시를 하거나 타인에게 오해를 유발시키지 아니하기 위하여 필요한 중요사항의 기재 또는 표시가 누락된 문서, 그 밖의 기재 또는 표시를 사용하여 금전, 그 밖의 재산상의 이익을 얻고자 하는 행위를 하여서는 아니됩니다(자본시장법 제178조 제1항 제2호).

어렵게 이끌어 낸 수사재기명령에 따라 서울중앙지검은 다시 후순위채 투자자들의 삼화저축은행 전 대표이사 등에 대한 고소 사건을 재수사했다.

당시 수사검사는 독특하게도 고소대리인인 본인을 상대로 참고인 진술조서를 받았다. '고소대리인은 말 그대로 대리인인데 내가 왜 참고인이 되었을까' 하고 생각했으나 조금이라도 사건에 도움이 되기 위해 검사실에서 땀을 뻘뻘 흘리며 열심히 진술했다.

결국 삼화저축은행 전 대표이사 등에 대한 고소장이 접수된 지 3년 만에 전 대표이사 등은 사기적 부정거래 및 사기 혐의로 기소되었는데 고소를 대리한 나로서는 그 과정에서 마치 지옥과 천당을 오가는 기분이었다. 한편, 그 와중에 나의 진술이 담긴 참고인 진술조서 또한 증거로 제출됐다.

하지만 피고인이 된 전 대표이사 등이 나의 참고인 진술에 동의하지 않아 내가 법정에 증인으로 출석해야 하는 상황이 됐다. 참고로 피고인이 해당 진술조서에 동의하지 않을 경우, 해당 진술을 한 사람은 법정에 증인으로 나와 진술을 해야 하는 것이 원칙이다. 변호인으로 증인신문을 위해서 법정에 가 본 적은 여러 번 있었지만, 증인 자격으로 출석 통지를 받기는 처음이었기에 나름 긴장이 되었다.

그러던 중 해당 재판부에서 고소대리인을 증인으로 불러 증언하는 것은 모양새가 이상하니 참고인 진술조서에 갈음하는 의견서를 제출하라고 해, 내 생애 처음일 수 있었던 증언기회는 무산됐다. 이후 피고인들의 공소사실 부인에도 불구하고 나의 고소내용대로 유죄가 선고되었으니 참으로 고진감래(苦盡甘來)라 하지 않을 수 없었다.

다만 애초부터 부실대출 등의 배임 횡령뿐만 아니라 후순위채 판매의 사기 성립여부에 대한 수사가 좀 더 정치(精緻)하게 이루어졌다면 다수 피해자가 좀 더 수월하게 구제를 받았을 텐데 하는 만시지탄(晚時之歎)이 있기는 했다.

애초 문제되었던 전 대표에 대한 외부감사에 관한 법률 위반과 관련된 분식회계기간은 1년 앞당겨지는 내용으로 공소장이 변경되고 변경된 공소장 내용대로 형사 1심 판결이 선고됐다. 주된 내용은 후순위채 판매 전 삼화저축은행이 재무제표를 작성, 공시함에 있어 대출채권의 자산건전성을 더 좋게 분류하는 방법으로 대손충당금을 과소계상해 자본금을 350억 원 이상 부풀렸다는 것이었다. 이에 따라 분식회계 기간과 후순위 사채 취득의 거래 인과관계도 자연스럽게 해결됐다.

다만 형사판결문상 분식회계 정도가 저축은행의 우량재무건전성의 척도인 BIS비율 및 대손충당금비율[12]에 어느 정도 영향을 미치는지 확인하는 것이 필요하다고 판단했다. 이에 따라 소송 중 회계감정을 실행, 이를 통해 분식회계를 하지 않았으면 삼화저축은행의 당시 BIS 비율이 4~5% 정도에 불과하다는 것을 밝혀냈고 재판부 또한 이러한 회계감정을 그대로 원용했다.

결국 법원은 민사소송을 제기한 지 약 2년 6개월 만인 2013년 11월경 삼화저축은행이 후순위채를 판매할 당시 고객들에게 제공한 투자설명서상 BIS 비율을 8% 이상으로 기재한 것이 '중요사항에 관하여 거짓기재를 한 경우'에 해당한다고 판단, 원고들의 손을 들어 주었다. 다만 투자자 책임을

---

12   참고로 8% 이상, 고정 이하 여신비율 8% 이하인 저축은행을 '88클럽'이라고 해 우량저축은행의 척도라도 보았고 삼화저축은행 또한 후순위사채 판매 당시 그 BIS비율이 8%가 넘는 우량저축은행이라 선전했다.

일부 인정하여 과실상계를 통해 투자액의 약 70% 정도를 손해액으로 인정했다. 이 판결은 '전국법원 주요판결'에 게시[13]됐다.

법원 "삼화저축銀, 후순위채 70% 배상"

피해자 몫 이례적 큰 폭 인정

《한국경제신문》, 2013. 11. 9.)

삼화저축은행을 상대로 후순위채권 투자자들이 낸 손해배상 청구소송에서 법원이 투자자의 손을 들어 줬다. 2011년 이후 저축은행 연쇄 영업정지로 후순위채 투자자 수만 명이 피해를 입은 상황에서 나온 첫 판결이어서 추가 소송이 잇따를 전망이다.

서울중앙지법 민사합의32부(부장판사 이인규)는 삼화저축은행 후순위채 피해자 24명이 삼화저축은행, 대주회계법인, 금융감독원, 국가를 상대로 제기한 손해배상 청구소송에서 "삼화저축은행은 청구한 19억 원의 70%

---

13   해당 사건 판결(서울중앙지방법원 2011가합56779, 서울고등법원 2014나2000572)요지: 저축은행이 후순위채의 증권신고서, 투자설명서에 수백억 원의 대손충당금을 설정하지 않은 재무제표를 첨부하거나 그 내용을 기재한 것은 중요사항에 관하여 거짓의 기재를 한 때에 해당하므로, 자본시장법 제125조 제1항 제1호에 따라 이 사건 각 후순위채를 취득한 원고들이 입은 손해를 배상할 책임을 인정한 판결

인 13억 원을 배상하라"고 원고 일부 승소 판결했다. 그동안 후순위채 피
해자들이 금융당국의 분쟁 조정을 통해 받은 평균 비율 30%를 두 배 이
상 웃도는 수준이다.

재판부는 "삼화저축은행이 2008·2009년 재무제표에서 740억 원가량의
대손충당금을 설정하지 않는 등 분식회계를 했다"며 "후순위채 발행사의
재무 건전성은 중요한 투자 고려 사항이므로 손해배상 책임이 있다"고 판
결했다.

그 이후 원고들은 손해액을 일부 감액한 것은 잘못된 것이라는 이유로,
삼화저축은행은 책임을 인정할 수 없다는 취지로 각각 항소하였는데 서울
고등법원은 2016년 6월경 1심 판결과 거의 동일한 내용으로 판결을 선고
했고 삼화저축은행 측에서 상고하지 않아 판결이 확정됐다.

이에 따라 후속 판결 또한 동일한 비율로 손해율이 인정되었으며 후속
소송 제기자들은 위 판결을 근거로 하여 삼화저축은행의 파산재단에서 다
른 일반 채권자와 동등한 순위로 파산배당률에 따라서 배당을 받았다. 지
연이자 등을 고려할 때 투자자들은 사실상 투자원금의 절반 이상을 회수
한 셈이 됐다.

삼화저축은행 투자자, 원금 절반 돌려받는다

《한국경제신문》, 2016. 6. 16.)

2011년 저축은행 연쇄 영업정지 후 후순위채 변제 첫 사례

고법, 후순위채 배상 판결

저축은행의 사기성 인정… 기존보다 배상비율 2배 높아

저축은행 사건 줄줄이 진행 중… 파산재단에 따라 변제액 달라

2011년 저축은행 사태(부동산 프로젝트파이낸싱 대출 부실에서 비롯된 영업정지)로 피해를 본 후순위 투자자들에게 돈을 돌려주라는 확정 판결이 나왔다. 분식회계 등 경영 현황을 제대로 공시하지 않아 생긴 피해인 만큼 상당 부분 회수하도록 해야 한다는 취지다. 현재 벌어지고 있는 다른 저축은행 후순위채 투자자들의 소송에도 영향을 미칠 전망이다.

◆ 법원, 저축은행 피해구제 첫 확정 판결

서울고등법원 민사12부(부장판사 임성근)는 삼화저축은행 후순위채 피해자 24명이 삼화저축은행의 파산관재인인 예금보험공사 등을 상대로 제기한 손해배상 청구소송 항소심에서 "삼화저축은행은 청구한 17억여 원의 70%인 12억여 원을 배상하라"고 1심처럼 원고 일부 승소 판결했다. 이 판결은 양측이 상고하지 않아 확정됐다. 그동안 후순위채 피해자들이

금융당국의 분쟁 조정을 통해 받은 평균 배상비율(30%)을 두 배 이상 웃도는 수준이다. 소송에 참가한 투자자 24명은 오는 9월까지 세 차례에 걸쳐 투자금액의 절반 정도를 되찾게 됐다.

법원은 투자자들의 손을 들어 주면서 "당시 경영진의 책임이 크다"고 판결했다. 항소심 재판부는 "삼화저축은행은 2009년 재무제표를 공시하며 350억 원가량의 대손충당금을 적립하지 않아 실제로는 자기자본금이 270억 원인데도 마치 628억 원인 것처럼 허위로 기재했다"며 "발행사의 재무건전성을 투자자에게 제대로 알리지 않았다"고 지적했다. 법원은 삼화저축은행의 책임을 70%로 제한했다.

◆ 사기성 여부에 따라 배상액 달라질 듯

이번 판결로 소송 참가자들은 법원이 인정한 70%에 해당하는 채권에 대해 일반채권자와 같은 지위에서 변제받을 수 있게 됐다. 다만 실제 받을 돈은 투자금의 절반 정도일 것으로 예상된다. 파산재단에서 정한 파산배당률(자산 처분을 통한 채무상환비율)을 적용한 뒤 손에 쥐는 돈이 실제 받을 금액이기 때문이다. 삼화저축은행의 파산배당률은 76% 수준이다.

예를 들어 삼화저축은행 후순위채에 6000만 원을 투자한 김 모 씨는 기존에 받은 배당이자 765만 원을 뺀 5235만 원의 70%인 3664만 원을 손해배상 채권으로 인정받게 된다. 그러나 실제 돌려받는 돈은 원금의 51% 수준인 3060만 원이다. 3664만 원에 연 5%의 지연이자를 합한 금액에 파산배당률 76%를 적용한 금액이다.

법원에는 저축은행 관련 사건이 줄줄이 대기 중이다. 이성우 법무법인 대호 변호사는 "삼화저축은행만 해도 사기성 행위가 드러나 비교적 높은 손해배상비율을 인정받았다"며 "부산저축은행 파산재단 등 부실 규모가 컸던 은행에 투자한 피해자들의 원금회수율은 훨씬 낮을 것"이라고 말했다.

금융감독원은 저축은행 사태 후 금융분쟁조정을 통해 후순위채 투자자들에게 투자금액의 20~40%를 파산채권으로 인정했다. 금융분쟁조정 당시 삼화는 파산 상태여서 금융분쟁조정 결정이 이루어질 수 없었다.

대출 명의대여의 위험성

변호사 업무에 있어서 가장 짜릿한 경우 중 하나는 패소한 원심을 뒤집고 상소심에서 승소할 때이다. 이 사건은 대출 명의를 빌려주어 고액의 채무로 인해 상당 기간 고통받은 의뢰인의 1심 사건을 뒤집고 이로 인하여 해당 의뢰인뿐만 아니라 다른 여러 명의 명의대여자를 사실상 구제한 건이어서 매우 보람이 있었던 사건이었다.

재판을 마치고 사무실에 돌아와 보니 급히 나를 찾는 전화메모가 남겨져 있었다. 유선으로 간략히 들어 보니 새마을금고(원고)의 명의대여자(피고, 의뢰인)에 대한 대출금청구소송인데 1심에서 패소했다는 것이었다.

의뢰인에게 들은 사건의 내용은 이랬다. 공사업체 A사를 운영하는 이모 대표는 아파트 건설공사를 시행하면서 사업부지를 담보로 새마을금고로부터 대출을 받았다. 하지만 동일인에 대한 대출한도를 3억 원으로 정하고 있는 관련 법령 때문에 더 이상 대출을 받을 수 없게 되자 위 대출한도 규정을 회피하기 위하여 의뢰인을 비롯한 가족, 친척 및 직원 등의 명의를 빌렸다.

A사의 연대보증 하에 이루어진 명의대여자들에 대한 대출은 명의인의 계좌로 입금 즉시 A사가 인출하여 공사비에 사용됐다. 그런데 아파트 공사가 흐지부지되고 이에 따라 A사가 대출 원리금을 갚지 못하자 금고는 명의대여자들을 상대로 소송을 제기했다.

패소한 1심 판결 이유를 살펴보니, 의뢰인인 피고 측에서도 억울한 마음에 여러 가지 주장을 하였으나 모두 받아들여지지 않은 상태였다. 내가 보기에도 1심에서 제기된 기존 주장만을 반복할 경우 항소심에서도 패소할 가능성이 높아 보였다. 뭔가 다른 측면에서 사건을 보아야 할 것인데 곰곰이 기록을 살펴보니, 새마을금고는 대출금 만기(소멸시효 기산점이기도 하다)인 2004년 6월부터 무려 9년이 지난 시점에 의뢰인을 상대로 대여금 소송을 제기한 것이었다.

이렇게 소 제기가 늦어진 점은 해당 새마을금고가 파산하는 등의 사정(이 경우 해당 금고는 완전히 없어지지 않고 청산인이 대표가 되어 소송을 수행하게 된다)이 있었다는 것을 고려하더라도 문제가 있어 보였다. 혹시나 소멸시효(消滅時效)가 경과하지 않았을까 검토하였으나, 새마을금고는 비영리법인이고 회원에게 대출하는 행위는 영리를 목적으로 하는 행위, 즉 상행위라고 보기 어렵다고 판단됐다. 즉 회원에 대한 대출의 소멸시효기간은 10년이라고 선언한 난공불락(難攻不落)의 1998년 선고 대법원 판결[14]이 버티고 있었던 것이다.

그런데 아무리 생각해도 의뢰인의 처지가 억울했다. 애초 의뢰인은 관련 법 및 정관상 회원자격인 해당 금고의 업무구역 내에 주소를 가지거나 생업에 종사하는 자에 해당하지도 않았다. 그런데 금고는 편법적으로 의뢰인을 포함한 공사업체 A의 임직원, 해당 임직원의 이웃, 지인 등을 회원으로 가입시켰고 대출 당시 이들, 즉 명의대여자들에 대한 기본적인 신용조사조차 하지 않았으며 더욱이 의뢰인을 포함한 명의자들은 그 돈은 1원도 사용한 바가 없었다.

더군다나 수십 명이나 되는 사람을 모아 수십억 원의 명의대여대출을 적극적으로 도운 것은 새마을금고의 임원이었고 이로 인해 형사 처벌까지 받기도 했다. 즉 대출은 사실상 아파트 시행사인 A사에게 이루어진 것이어서 명백한 상행위이므로 나는 상법상 소멸시효인 5년이 적용되어야 한다고 판단했다. 항소심에서는 이러한 주장에 전력을 다하기로 했다.

수차례의 변론기일을 거쳐 선고기일이 잡혔으나, 재판부가 변론 재개를 하였고 이어 재판부가 실질적인 차주인 A사의 이모 대표를 증인으로 불렀다. 정확히 가늠할 수는 없었지만 뭔가 좋은 결과가 있을 것 같았다.

---

14 대법원 1998. 7. 10. 선고 98다10793 판결 새마을금고가 금고의 회원에게 자금을 대출하는 행위는 일반적으로는 영리를 목적으로 하는 행위라고 보기 어려우므로 10년의 소멸시효가 적용된다는 취지

이윽고 판결 선고 날, 우리가 승소했다. 즉, 1심 결과가 뒤집어진 것이다. 항소심 재판부는 새마을금고의 업무형태가 금융권 특히 제2금융권[5년의 상사시효(商事時效) 기간이 적용된다]의 그것과 별반 차이가 없으므로 유독 새마을금고의 회원에 대한 금고의 대출금 소멸시효에 대해 10년이 적용되어야 한다는 대법원 판결은 엄격하게 해석돼야 한다고 판단했다.

또한 대출이 애초 금고의 회원 자격요건을 결여한 A사의 아파트 등 신축공사에 대한 영리성이 매우 큰 계획(PF)대출에서 비롯되었으며, 그 실질적 채무자는 상인인 A사라는 점을 고려한다면, 금고의 이 사건 대출행위는 비록 회원에 대한 대출행위라는 외양(外樣)을 빌렸으나 그 실질은 영리를 목적으로 하는 상행위, 즉 상사채권에 해당한다고 봄이 상당하다고 보았다.

이에 따라 대출채권에는 5년의 소멸시효기간이 적용되고, 해당 새마을금고가 변제기로부터 5년이 경과한 시점에 비로소 소를 제기하였으므로, 대출채권은 시효완성으로 소멸했다고 판단, 1심을 뒤집고 나의 손을 들어줬다. 의뢰인은 위 사건의 승소로 그동안의 엄청나게 불어 있던 지연이자를 포함한 수억 원의 원리금 채무에서 벗어나게 됐다.

위 사건에 좋은 결과가 있었던 이유는 새마을금고가 회원에게 자금을 대출한 경우, 10년의 소멸시효가 적용된다는 기존 대법원 판결에도 해당 대출이 영리를 목적으로 하는 상행위임을 재판부에 집중적으로 어필하고 이를 통해 재판부로 하여금 해당 사건에 상사시효가 적용된다고 판단하게 한 노력 덕분이었다고 자평한다.

하지만 기존 대법원 판결에 따른 기계적 판단이 아닌, 대출의 실질을 열심히 살펴본 재판부의 정성, 무엇보다 지방에서 그 먼 거리를 화물 봉고차를 타고와 매번 변론기일에 출석한 의뢰인의 간절한 정성이 이 사건을 이기게 하지 않았나 싶다. 의뢰인은 본인의 화물 봉고차로 나를 나의 사무실로 태워 주기도 했는데 생각해 보니 '에쿠스 못지 않은 차였구나' 생각되기도 했다.

이 사건은 상당히 의미가 있어 아래와 같이 주요 경제지와 대법원 사이트 전국 법원 주요 판결에도 게재되고 다른 변호사에 의해 판례평석으로도 게재되어 개인적으로 더욱 뜻깊었다.

겉만 가계대출인 PF… 5년 지나면 채무 없어져

《한국경제신문》, 2015. 10. 13.)

판결문으로 보는 세상

새마을금고. 대출 명의자 소송… 법원은 원심 깨고 원고패소 판결
"가계대출로 빌린 공사 대금. 영리 추구하는 상행위 해당"
#전북 사는 박 모 씨가 서울 가서 대출받은 사연

"박 씨, 대출 명의 한 번만 빌려주면 안 되겠어? 피해 가는 일은 절대 없도

록 약속할게."

토목공사업체 D사를 운영하는 유모 대표가 부탁을 한 건 2003년이었다. "건물 신축공사를 계속하려면 자금이 더 필요한데 새마을금고 규정상 한 사람에겐 최대 3억 원밖에 대출이 안 된다고 하네. 다행히 북아현새마을 금고 정 상무가 편의를 봐 준다고 해. 내가 잘 봐 달라고 자동차를 선물로 줬거든. 다만 서류상 명의를 빌려줄 사람이 필요하대. 그래서 지금 가족, 친척들과 하도급업체 직원들을 찾아다니는 중이야." 유 씨의 요청은 간 절했다. 그의 부탁을 뿌리칠 수 없었던 나는 할 수 없이 그해 6월 서울행 KTX에 올랐다. 그 선택이 남은 인생의 족쇄가 될 줄은 꿈에도 몰랐다.

서울역에 내려 10분가량 택시를 타고 북아현새마을금고에 도착했다. 유 씨도 함께였다. "자, 여기 대출관계 서류를 작성해 주세요. 노란색 형광펜 으로 칠한 부분에 박○○ 씨 이름 쓰고 서명하세요. 주민등록등본과 주민 등록증도 주세요." 대출을 받기 위해선 먼저 새마을금고 회원이 돼야 한다 고 했다. 유 씨는 나대신 가입비 1만 원을 내줬다. 금고 직원이 내민 대출 신청 서류에는 '가계일반자금대출'이라고 적혀 있었다. 2003년 6월 10일, 내 명의 새마을금고 계좌에는 대출금 3억 원이 입금됐다. 이 돈은 유 씨가 직접 출금해 공사대금으로 썼다. 유 씨는 이듬해인 2004년 6월 10일부터 내 이름으로 받은 대출의 원리금을 냈다. 하루하루 먹고사느라 바빴던 나 는 그날 일을 까맣게 잊고 살았다.

2013년께 청천벽력 같은 소식이 전해졌다. 유 씨가 내 이름으로 받은 대 출금을 제때 갚지 못했다는 것이었다. 불어난 연체이자까지 합하면 갚아야 할 돈이 8억 6700여만 원이었다. 북아현새마을금고는 대출 명의자인 나를 상대로 2013년 5월 돈을 갚으라는 대여금 청구 소송을 냈다. '죽을 때까지 일하면 8억 원이 넘는 돈을 갚을 수 있을까. 내가 그 돈을 1천만 원이라도 썼으면 덜 억울하겠다'는 생각이 들었다. 변호사 사무실을 찾아 내 억울함을 하소연했다.

◆ 법원의 판단은

서울서부지방법원 민사1부(부장판사 안승호)는 북아현새마을금고가 박 씨를 상대로 "대출금 8억 6700여만 원을 갚으라"고 낸 대여금 청구소송의 항소심에서 지난달 원고승소 판결한 원심을 깨고 원고패소 판결했다. 박 씨가 채권자에게 8억 6700여만 원을 갚지 않아도 된다는 뜻이다. 이번 항소심 판결은 원고 측이 상고를 포기해 확정됐다.

재판부는 "새마을금고가 박 씨에게 빌려준 대출금은 가계자금대출의 외관을 갖추고 있지만 실제로는 유 씨가 대표로 있는 D사의 신축공사에 대한 프로젝트 파이낸싱(PF)"이라며 "영리를 목적으로 하는 상행위에 해당하므로 소멸시효인 5년이 지나 채권이 소멸됐다"고 판단했다. 대출금 변제기일인 2004년에서 9년이 지난 2013년 비로소 이번 소송을 제기했으므로 이미 채권의 시효가 지났다는 것이다. 민사채권은 소멸시효가 10년, 상사채권은 5년이다. 유 씨에게 110억 원의 불법대출을 해 준 정 상무는 사금융알선 등의 혐의로 기소돼 2005년 서울고등법원에서 징역 1년 6개월을 선고받았다.

- 해당 사건 판결(서울서부지방법원 2014나4907)요지: 원고 금고가 회원인 피고에 대하여 한 대출행위로 인하여 발생한 이 사건 대출원리금채권은 외견상 가계자금대출의 외관을 가지고 있지만 실질은 회사의 아파트 등 신축공사에 대한 계획대출(PF 대출)인 점, 피고는 형식상 원고 금고의 회원이 되었지만, 법률과 정관이 정하는 회원자격이 없는 점과 출자경위, 출자규모 등에 비추어 이 사건 대출을 위하여 소규모로 출자한 것으로 보이는 점 등의 제반사정과 이 사건 대출이 회사의 아파트 등 신축공사에 대한 계획대출에서 비롯되었고, 그에 따라 실질적 채무자는 상인인 소외이 D로 보이는 점, 이 사건 대출행위는 비록 원고 금고의 회원에 대한 대출행위라는 외양을 빌렸으나 그 실질은 영리를 목적으로 하는 상행위에 해당한다고 봄이 상당하다. 따라서 이 사건 대출원리금채권은 상사채권에 해당하여 5년의 소멸시효 기간이 적용된다.

한편 패소된 항소심 판결에도 불구하고 새마을금고 측은 상고를 하지 않았다. 이는 아마도 대법원 판결의 파급력, 즉 금고의 대출금 소멸시효에 대해 10년이 적용되어야 한다는 기존 판례가 차제에 변경될 수 있는 가능성을 애초 봉쇄하기 위함이 아니었나 조심스럽게 추측해 본다.

다만 새마을금고의 영세성에 비추어 제2금융권과 완전히 동일 선상에 놓아 일괄적으로 상사시효를 적용하는 것은 아직 무리라는 견해도 있다고 알고 있다. 하지만 제2금융권에도 매우 다양한 형태가 있고 영세한 곳도 적지 않다는 점에 비추어 위 1998년도 대법원 판결은 바뀌어야 된다고 생각한다.

인정(人情)에 이끌려 함부로 명의대여를 해 줬다가는 스스로 평생을 옭아매는 족쇄를 차게 된다는 평범한 사실을 몸소 깨닫게 된 사건이었다.

내 계좌로 들어온 돈이 다시 사라졌어요

금융사건을 많이 해서 그런 것인지 알 수 없으나 외국에서도 어떻게 알고 나에게 연락하여 관련 사건을 위임하는 경우가 적지 않다. 주로 계좌거래와 관련된 분쟁이 많은데 아래 사건도 그중 하나다. 옆방 변호사가 '국제 금융분쟁' 사건이라고 거창하게 불러 주셨는데 참으로 글로벌 시대임을 실감하는 사건들이 많다.

사무실에 나를 급히 찾는 국제전화 메모가 남겨져 있어 회신전화를 했다. 의뢰인의 사연은 이러했다.

의뢰인 A는 외국 도시에서 한국인 관광객을 상대로 민박 일을 하는데 평소 알고 있었던 B로부터 "C가 A의 계좌(국내 甲은행)로 돈(원화)을 입금할 것이니 입금이 확인되는 대로 자신에게 환전해 달라"라는 부탁을 받았다. A는 자신의 통장에 입금이 확인된 후 현지화폐로 해당 금액을 B에게 전달했다. 하지만 얼마 지나지 않아 이체가 취소가 돼 다시 입금액이 빠져나갔다.

이에 A가 甲은행에 문의하니 "송금은행인 국내 乙은행 모 지점에 알아보라"라는 답변이 돌아왔다. 그래서 A는 해당 지점에 전화를 했다. 그런데 乙은행 직원은 "C가 현지에서 B로부터 돈을 받지 못해 사기를 당했다며 국제전화로 취소요청을 해 이체를 취소했다"라고 답했다는 것이었다.

C의 입장도 이해가 안 되는 것은 아니었다. 하지만 A는 자기 돈(입금된 금액에 상당하는 현지 화폐)은 지출되었는데 입금된 돈(원화)은 없어져 버리고 B도 연락이 되지 않아 매우 억울한 상황이었다.

이체된 금액이 크지 않았으나 사기를 당했다는 송금인의 말만 듣고 금융기관이 이를 임의로 취소할 수 있는지 의문이 들었다. 즉 A로부터 받은 돈을 B가 C에게 전달하지 않은 이른바 '계약불이행사기'의 경우 이는 C와 B 사이의 문제이지, 이미 예금 채권을 취득한 A에게 입금액 취소를 통해서 C의 피해를 A에게 돌려서는 안 된다고 판단했다.

이에 따라 나는 A를 대리해 불법행위를 원인으로 입금된 돈을 함부로 이체 취소하여 A에게 손해를 끼친 은행을 상대로 소송을 제기했다. 피고 금융기관은 계약불이행사기의 경우 이체 취소는 적법하거나 불가피했다는 취지로 주장하는 등 치열하게 대응했다.

1심 법원은 "이체 취소는 위법하고 이로 인해 원고가 손해를 입었으므로 금융기관이 이체 취소 금액 상당의 손해를 배상할 책임이 있다"라며 원고의 청구를 인용했다. 그 후 피고는 항소했으나 항소심 또한 1심 결론과 동일하게 원고 승소로 판결했다.

항소심 재판부는 "예금거래 기본약관에 따라 송금 의뢰인이 수취인의 예금계좌에 자금이체를 하여 예금원장에 입금의 기록이 된 때에는 특별한 사정이 없는 한 송금 의뢰인과 수취인 사이에 자금이체의 원인인 법률관계가 존재하는지 여부에 관계없이 수취인과 수취은행 사이에는 위 입금액 상당의 예금계약이 성립하고 수취인이 수취은행에 대하여 위 입금액 상당의 예금채권을 취득한다. 이 사건 계좌이체 취소는 타행환공동망업무 시행세칙상 오류거래나 오조작 등에 해당하지 아니하여 취소거래를 할 수 없음에도 송금은행인 피고 乙은행이 고객 C의 요청으로 고의로 송금거래를 취소하여 원고의 예금채권을 상실시켜 손해를 가하였다"라고 판단했다.

결국 계약불이행 사기의심이 있었다 하더라도 자금이동의 원인인 법률관계의 존부, 내용 등에 관여함이 없이 중개역할을 하는 금융기관이 지급정지조치는 별론으로 하더라도 임의로 계좌이체를 취소한 것은 위법하다고 본 것이다.

피고가 대법원에 상고(上告)하지 않아 내심 아쉽긴 했지만 원칙에서 벗어난 금융기관의 업무처리에 경종을 울린 소송결과였다.

[판결] 예금주 동의 없이 송금 취소 못해

《법률신문》, 2014. 12. 18.)

은행이 계좌이체 된 돈을 예금주에게 확인하지 않고 무단으로 이체를 취소해 송금인에게 되돌려 줬다면 은행은 예금주가 입은 손해를 배상해야 한다는 판결이 나왔다.

서울중앙지법 민사항소7부(재판장 예지희 부장판사)는 최근 A씨가 ㈜ 농협은행과 직원 B씨 등을 상대로 낸 손해배상 청구소송 항소심(2014나 3121)에서 "피고들은 연대해 1500만 원을 지급하라"며 1심과 같이 원고 승소 판결했다.

재판부는 판결문에서 "A씨의 농협 계좌로 C씨가 1500만 원을 송금한 그 즉시, A씨와 C씨 사이에 계좌이체의 원인인 법률관계가 존재하는지 여부 와 무관하게 A씨와 농협 사이에는 1500만 원에 대한 예금계약이 성립한 다"며 "농협 직원인 B씨는 돈이 잘못 이체된 것도 아닌데 C씨의 이체 취소 요구를 받아들여 A씨의 1500만 원에 대한 예금 채권을 상실시켰으므로 손해를 배상해야 한다"고 밝혔다. 이어 "농협은 B씨의 사용자이므로 B씨 가 사무집행을 하며 A씨에게 끼친 손해를 배상해야 한다"고 덧붙였다.

재판부는 "농협은 A씨가 환전 사기에 가담했다고 주장하지만 증거가 없 고, A씨는 환전 의뢰를 받은 것에 불과해 최종 수령자에게 돈이 잘 전달 되도록 감독할 법률적인 의무도 지지 않는다"며 "손해배상책임을 정할 때 A씨의 과실을 참작해야 한다는 농협의 주장은 받아들일 수 없다"고 설명했다.

A씨는 중국 마카오에서 한국 관광객을 상대로 민박업을 하던 중 평소 알고 지내던 중국인 D씨로부터 "환전을 원하는 C씨가 계좌로 1500만 원을 보낼 테니 홍콩달러로 바꿔 달라"는 요청을 받았다. C씨가 약속한 1500만 원을 보낸 것을 확인하고 D씨에게 10만 홍콩달러를 건넸다. 하지만 C씨는 D씨로부터 돈을 전달받지 못하자 평소 알고 지내던 농협 직원 B씨에게 부탁해 송금을 취소했다. 뒤늦게 통장에 들어왔던 돈이 사라진 것을 알게 된 A씨는 농협을 상대로 소송을 냈다. 1심에서 패소한 농협은 "A씨가 중국인 D씨와 짜고 환전 사기를 벌였다"고 주장하며 항소했다.

'그놈들'의 사기에서 비롯된 사건

SBS 시사프로그램 〈그것이 알고 싶다〉에서 중고거래 사이트상의 이른바 '그놈들'의 사기 관련 이야기가 방영된 적이 있다. 방송을 보다가 내가 수행했던 몇 가지 사건이 생각나서 오랜만에 관련 판결문을 뒤져 보았는데 판결문상에 등장했던 수법과 방송내용의 그것이 거의 동일해서 놀랐다. 관련된 사건은 모두 '그놈들'이 소송당사자가 아닌 중고거래 피해자(원고)와 피해자의 돈을 송금받은 사람(피고) 간의 소송이었다.

나는 피해자들로부터 송금받은 사람(수취인)들을 대리했는데 수취인들은 '그놈들'과 전혀 무관하며 오히려 피해를 입은 사람들이다. 즉 그놈들은 빠져나가고 피해자들끼리 공방을 벌이게 된 것이다.

다음은 수행했던 사건의 판결문 중 일부다. 이 내용만 보더라도 '그놈들'

은 여러 명이 역할을 분담해 범행을 실행하고 있음을 알 수 있다.

◆ 첫 번째 사건

원고는 성남시에서 'A자재'라는 상호로 건축 자재 도소매 및 대여업을 하는 사람이고, 피고는 홍콩에서 여행가이드업을 하는 사람이다.

원고는 2015년 ○월 ○일 주식회사 B건설의 대리라고 자처하는 성명불상자[15]로부터 "충남시 공사현장에서 공사를 하고 남은 자재인 강관파이프를 1140만 원에 처분하려고 한다"라는 내용의 전화를 받고, 자재를 매수하겠다고 했다.

원고가 통화를 한 직후, 화물차량 운전기사인 홍길동, 홍길삼이라고 자처하는 성명불상자들이 순차로 원고에게 전화를 하여 강관파이프를 차에 실었으며 곧 원고의 사업장으로 운송하겠다는 취지로 말했다. 그 직후 주식회사 B건설의 대리라고 자처하는 성명불상자가 다시 원고에게 전화한 다음 주식회사 B건설의 사업자등록증 및 세금계산서를 팩스로 보냈다.

이에 원고는 2015년 ○월 ○일 성명불상자로부터 받은 사업자등록증에 기재된 피고 명의의 C은행 계좌로 1140만 원을 입금했다.

그런데 강관파이프는 원고의 사업장으로 오지 않았고, 이에 원고가 위 주식회사 B건설의 대리, 화물차량 운전기사를 자처한 성명불상자들에게 전화를 했으나 통화가 되지 않았으며, 원고가 받은 위 사업자등록증도 위

---

15   姓名不詳者, 성명을 알 수 없다는 뜻으로 공소장이나 판결문에 널리 쓰이는 표현이다.

조된 것이었다.

◆ 두 번째 사건

두 번째 사건의 경우 피해내용이 담긴 상대방의 소장을 받아 보고 몇 번 읽어도 그 사기 행태가 선뜻 이해가 되지 않았는데 자세히 고쳐 읽어 보니 '그놈들'의 치밀한 역할 분담에 혀를 내두를 지경이었다.

홍길동은 2015년 2월경 인터넷에 트랙터를 판매한다는 글을 올렸는데, 성명불상자가 홍길동에게 트랙터를 매수하겠다고 제의한 후, 원고에게는 자신이 위 트랙터의 소유자임을 사칭하며 이를 매도하겠다고 제의했다. 성명불상자는 원고(중고거래사이트상의 매수의향자)나 홍길동(매도의향자)을 직접 만나지 않고 휴대전화로 연락하면서, 원고에게는 홍길동을 본인 대신 거래를 도와줄 사람으로, 홍길동에게도 원고를 본인 대신 트랙터를 실어 갈 사람으로 소개했다.

원고는 2015년 2월경 홍길동을 직접 만나 이 사건 트랙터를 확인한 후, 성명불상자가 알려준 피고 명의의 A은행 계좌로 트랙터 매매대금 1800만 원을 입금했다. 원고는 같은 날 위 트랙터가 성명불상자 소유가 아님을 알게 됐고, 경찰에 사기 피해사실을 신고한 후, 피고의 계좌를 사고신고 계좌로 신청해 1800만 원의 지급을 정지했다.

두 번째 사건은 지금 생각해 봐도 잘 이해가 되지 않으나 '그놈들'은 중고거래사이트를 세세히 뒤져 매수 및 매도 의향자를 매칭하고 철저히 역할을 나누어 위 사건의 매수 및 매도 의향자 모두를 농락한 것이었다.

그러면 첫 번째 사건으로 돌아와 피고는 왜 1140만 원을 원고로부터 입금받았는지 살펴보자.

어떤 홍콩 교민이 홍콩에서 보석가게를 운영하는 A에게 원화를 홍콩 달러로 환전해 줄 것을 요청했다. 수중에 홍콩 달러 현금이 충분히 없었던 A가 다시 평소 친하게 지냈던 피고에게 1140만 원 상당의 환전을 요청했다. 이에 피고는 피고 명의의 계좌에 1140만 원이 입금된 것을 확인하고 난 뒤, A에게 그에 상당하는 홍콩달러를 교부해 주었고 다시 A는 위 홍콩 교민에게 위 달러를 준 것이었다.

이러한 사실관계를 보면, '그놈들'은 참으로 치밀한 시나리오하에 '글로벌'하게 한국에서는 자재를 매입하려는 원고에게 접근하였고, 홍콩에서는 A를 통해 피고에 동시다발적으로 접근해 역할 분담을 하고 있었던 것이다.

이제 '그놈들'은 홀연히 사라졌다. 그리고 피고에게 돈을 송금한 원고와 송금받은 돈(원화)을 확인하고 그 돈 상당의 홍콩달러를 A를 통해 '그놈들'에게 환전해 준 피고만 남아 공방을 하게 됐다.

원고는 피고에게, 피고가 수취받은 돈은 법률상 원인 없이 자신으로부터 취득한 금원이므로 부당이득으로 반환하라고 소송을 제기했다. 반면 피고는 알지 못하는 원고로부터 돈을 받은 것은 맞지만 "나도 그만큼의 돈을 환전을 정당하게 해 주었으니 그 돈을 취득한 법률상 원인이 있다"라는 취지로 다투었다.

재판부는 이 사건에서 "① A는 1140만 원 상당의 현금을 환전해 주면서 현지 교민의 이름 등 인적 사항을 알지 못한다고 진술한 점, ② 영수증 등 홍콩달러를 현지 교민에게 전달하였다는 점을 입증할 만한 객관적인 증거가 없는 점 등을 토대로 피고가 A로부터 환전 요청을 받아 홍콩달러를 지급하고, 그 대가로 1140만 원을 받았다는 사실을 인정할 만한 증거가 없다"[16]라는 취지로 피고의 주장을 받아들이지 않고 원고의 손을 들어주었다.

당시 피고를 대리했던 나로서는 현지 환전거래의 특수정으로 인하여 분루(憤淚)를 삼켰던 사건이었다. 더욱이 '그놈들'로 인하여 피해자들끼리 싸우게 된 결과도 안타까운 것이었다.

첨언하자면, 이번 사건에서 원고가 만약 위조된 사업자등록상의 회사 법인등기부등본을 한번 발급해 보았더라면, 위조되었다는 것을 알 수 있었을 텐데 하는 아쉬움이 남는다.[17] 또한 위 사건의 경우와 약간 사안이 다르지만 어떤 경우라도 자신의 계좌(통장)를 모르는 제삼자에게 제공해서는 안 된다. 통장제공자는 또 다른 피해자로부터 수취된 돈을 돌려줘야 하는 결과가 발생할 수 있기 때문이다.

---

16 법리적으로는 좀 더 복잡하기는 하나, 재판부는 해당 사안에서 설사 그런 증거가 있다고 하더라도 송금의뢰인인 원고와 수취인인 피고 사이에 법률상 원인이 존재한다고 할 수 없으므로 역시 피고는 원고에게 해당 돈을 돌려주어야 한다고 판단하였다.

17 사업자등록증상의 번호를 국세청 홈택스(hometax.go.kr) 사업자상태(사업자등록번호로 조회)로 조회한 후 실제 사업자 여부 및 휴폐업여부를 확인할 수 있다.

옵션쇼크 사건에 대한 소고(小考)

서울고등법원은 2010년 11월 11일 발생한 '옵션 쇼크 사태'와 관련해 2018년 5월 10일 개인투자자들이 도이치은행 및 증권사를 상대로 낸 손해배상청구 소송에서 1심을 뒤집고 원고 패소 판결했다. 아래 칼럼은 이와 같은 고등법원판결 선고 이후 '감히' 해당 판결을 비판하면서 기고한 것이다.

[In&Out] 금융범죄 손해배상 소멸시효, 이대로 괜찮나

《서울신문》, 2018. 6. 25.)

지난달 14일 서울고등법원은 개인투자자가 도이치은행 및 증권사를 상대로 낸 손해배상청구 소송에서 1심을 뒤집고 원고 패소 판결을 선고했다.

지난 2월에도 비슷한 소송을 제기한 기관투자가가 항소심에서 패소한 점을 감안하면 최소한 2심에서는 법원이 모두 도이치 측의 손을 들어 준 셈이다.

논란이 된 소송은 2010년 11월 11일 발생한 '옵션 쇼크 사태'가 발단이 됐다. 당시 도이치은행은 도이치증권을 통해 장 마감 10분 전 2조 4400억 원어치 주식을 대량 처분했고, 이로 인해 주가가 폭락하면서 투자자들은 큰 손실을 입었다. 반면 도이치 측은 사전에 매입한 풋옵션으로 448억 원의 부당 이득을 챙겼다.

문제를 인식한 금융위원회는 2011년 5월 도이치증권에 대한 영업정지 처분을 내렸다. 그로부터 4년 뒤 서울중앙지법 1심 재판부는 도이치증권 임원들에게 실형을, 법인에는 벌금을 각각 선고했다. 도이치 측의 대량 매도 행위가 명백한 시세 조종 행위라는 것이 법원에 의해 인정된 것이다. 피해자들이 손해배상 소송에 나서는 것은 당연했다.

이어진 민사 소송에서 도이치 측은 바로 '4년'을 문제 삼았다. 도이치증권은 사건이 발생한 2010년 11월 11일, 늦어도 검찰의 기소 시점인 2011년 8월 19일을 투자자들이 손해를 인지한 시점으로 보고 민법상 손해배상 청구기간 3년을 적용해 자신들은 손해배상을 할 수 없다는 주장을 펼쳤다.

민법 766조 1항은 '불법 행위로 인한 손해배상 청구권은 피해자나 그 법정대리인이 그 손해 및 가해자를 안 날로부터 3년간 이를 행사하지 아니하면 시효로 인하여 소멸한다'고 규정[18]하고 있다. 이에 대해 1심 재판부는 형사 판결이 나온 2016년 1월부터 3년이 기산돼 아직 소멸시효가 끝나지 않았다고 봤다. "전문투자가가 아닌 원고들은 민·형사 판결이 나오기 전까지 시세 조종 행위의 정확한 사실관계를 확인할 방법이 없었다"는 판사의 지적에 투자자들은 안도의 숨을 내쉬었다.

그런데 항소심 법원은 원고들이 늦어도 금융위의 영업정지 처분이 확정된 2011년 5월에는 피고의 불법 행위로 인한 손해와 위법성을 인식했다고 봐야 한다고 판단했다. 금융당국의 처분에 대한 언론 보도가 있은 지 3년 후 소송이 제기했으니 피고의 책임을 물을 수 없다는 것이다. 이러한 항소심 결론은 금융범죄에 대한 소멸시효 기산점을 판단하는 데 있어 논란의 여지가 있다. 항소심이 앞세운 논리대로 소멸시효 기산점을 앞당긴다면 금융범죄 피해자들은 사법기관에 의해 회사의 잘못이 인정되기 전 벌떡 일어나 소송을 제기해야만 손해배상을 받을 수 있다는 얘기다.

금융범죄에 대한 금융당국 발표, 검찰 기소, 법원 판결로 이어지는 기본 과정이 채 마무리되기도 전에 시간과 비용, 패소 위험을 무릅쓰고 소송에 나설 피해자가 얼마나 될까. 특히 이번 사건은 주범으로 지목된 도이치은행 홍콩지점 관계자가 소환에 응하지 않아 검찰조차 수사에 애를 먹었다. 갈수록 범행 수법이 교묘하고 복잡해 1심 판결에만 수년이 걸리는 최근 금융범죄 결과를 개인이 예측하는 것은 불가능에 가깝다. 법원도 투자자

---

18 단기소멸시효라 칭해진다.

들이 소멸시효에 걸리지 않기 위해 상대방의 책임이 명확하지도 않은 상태로 '묻지마 소송'을 제기하는 것을 바라지는 않을 것이다.

자본시장법에서 각종 손해배상 청구권의 소멸시효 또는 제척기간을 규정한 취지는 유가증권 거래로 인한 분쟁을 빨리 끝냄으로써 시장 안정을 도모하는 데 있다. 하지만 민법상 시효기산점인 위법성 인식 시점까지 불합리하게 앞당기는 것은 법 취지에 맞지 않다. 향후 대법원 판결에 투자자와 시장의 눈과 귀가 쏠려 있다.

이 칼럼에 앞서 사건 선고 직후 나는 위와 같은 고등법원의 소멸시효 해석이 잘못됐고 오히려 피고의 소멸시효 항변을 배척한 1심 판결이 타당하다는 취지로 학회에서 발표를 한 바 있었다. 그런데 칼럼을 기고한 지 한 달 후인 2018년 7월 24일 대법원에서 위 고등법원 판결이 잘못되었으니 다시 판단하라는 취지로 파기환송을 선고해 스스로도 놀랐던 기억이 있다.

한편 또 다른 사건인, 전문투자자(증권회사)가 도이치증권 등을 상대로 제기한 동일한 내용의 소송을 제기한 사건에서 증권회사가 1심에서 승소하였으나 2018년 2월 9일경 2심에서 패소하였다. 그리고 해당 사건이 2018년 3월 대법원에 사건이 접수되어 5월경 대법원 재판부로 배당됐다.

그 이후 패소한 위 전문투자자 원고 측의 상고이유서가 제출되어 법리 검토가 개시된 지 얼마 되지 않아 전광석화(電光石火)와 같이 6월 말 대법원에서 심리불속행기각[19]으로 위 전문투자자인 원고 사건의 패소가 확정되었다. 그래서 나는 개인투자자들이 제기한 소송도 대법원이 동일한 결론을 내지 않을까 걱정하기도 했다. 그런데 대법원은 개인투자자의 경우 전문투자자와 달리 소멸시효 법리를 달리 판단한 것이었다. 발칙한 생각이기는 하나 혹시 기고한 칼럼이 개인투자자 승소 취지의 대법원 판결에 영향을 미치지 않았나 상상해 보았다.

소멸시효를 둔 이유에 대해서는 복잡한 법리논쟁이 있지만 대표적인 법언(法諺)이 '권리 위에 잠자는 자는 보호하지 않는다'라는 것이다. 대법원의 상반된 두 판결의 취지는 결론적으로 전문투자자는 아주 미세한 알람소리(가령 사건 발생 직후 울린 금융위원회의 해당 상대방 금융기관에 대한 영업정지 처분이라는 초기 알람)에 일어나 소송을 제기하라는 것이다.

알람으로 비유될 수 있는, 투자자들의 위법성 인식 정도(소멸시효의 단기소멸시효 기산 시점에 대응된다)는 옵션쇼크 사태에 대한 당시 언론 발표, 금융위원회 영업정지처분, 검찰의 기소, 기소에 대한 형사유죄판결, 그 형사 판결의 확정 순으로 점점 명확해진다. 즉 알람소리도 점점 커지는 것이다.

반면 개인투자자의 경우 대법원 판결이 나열한, 관련 직원의 해외도피, 형사판결의 복잡성, 전문적 지식의 필요 등의 여러 가지 이유에서처럼 아

---

19 본안 심리 없이 상고를 기각하는 소송법상 제도

주 미세한 알람에 일어나서 소송을 제기할 가능성이 별로 없다.

따라서 위 대법원 판결의 내용은 개인투자자들의 경우, 도이치증권에 대한 영업정지 처분 확정이라는 미세한 알람소리가 난 지 3년이 지난 시점에 소송을 제기하였더라도 소멸시효가 완성되지 않았다는 것이 그 주된 결론이었다.

요컨대 자본시장과 금융투자업에 관한 법률에서 각종 손해배상 청구권의 단기 소멸시효 및 제척기간(除斥期間)[20]을 규정[21]한 취지는 유가증권 거래로 인한 분쟁을 빨리 끝냄으로써 시장 안정을 도모하는 것에 있는 것은 맞다. 그러나 자본시장법상 제척기간 내지 소멸시효기간이 경과하더라도 선의의 투자자들로 하여금 민법의 불법행위책임을 추가 내지 선택적으로 물을 수 있게 하여야 한다.[22]

만약 민법의 단기소멸시효의 기산점 해석 또한 위 전문투자자 대법원 판결의 취지대로라면 민법상 불법행위의 단기 소멸시효가 사실상 자본시장법상 소멸시효 내지 제척기간과 거의 동일하게 해석될 수밖에 없다. 이

---

20 어떤 종류의 권리에 대하여 법률상으로 정하여진 존속기간. 일정한 기간 안에 행사하지 않으면 해당 권리가 소멸된다는 점에서는 소멸시효와 비슷한 개념이다.

21 가령 사기적 부정거래행위 등의 배상책임을 규정한 조항을 보면 청구권자가 위반한 행위가 있었던 사실을 안 때부터 2년간 또는 그 행위가 있었던 때부터 5년간 이를 행사하지 아니한 경우에는 시효로 인하여 소멸한다고 규정하고 있는데 개정 전 기간은 더 짧았다.

22 회계감사인의 손해배상책임 제척기간 사건, 자본시장과 금융투자업에 관한 법률 제170조 제1항 등 위헌소원 2015헌바376 결정취지

경우 복잡하고 장기간 진행되는 금융범죄로 인한 손해배상에서, 상황판단을 비교적 신중하게 하는 개인투자자들의 권리구제를 해치고 오히려 불법행위를 자행한 자를 보호한다는 비판이 제기될 수 있겠다는 면에서 개인투자자들의 손을 다시 들어 준 대법원 판결은 너무나 타당했다고 본다.

삼성증권 유령주식배당 사건 감상기

검찰, '유령주식 매도' 삼성증권 직원 4명 구속영장 청구

《연합뉴스》, 2018. 6. 19.)

검찰이 이른바 삼성증권 '유령주식 매도' 사건과 관련해 잘못 배당된 주식을 매도한 삼성증권 직원 4명에 대해 구속영장을 청구했다.

서울남부지검 증권범죄합동수사단은 지난 18일 자본시장법상 사기적 부정거래, 컴퓨터 등 사용 사기, 배임 등의 혐의로 삼성증권 팀장 ㄱ 씨와 과장 ㄴ 씨 등 직원 4명에 대해 사전구속영장을 청구했다고 19일 밝혔다.

앞서 금융감독원은 삼성증권 배당 오류 당시 주식을 팔거나 주문을 낸 삼성증권 직원 21명을 업무상 배임 · 횡령 혐의로 검찰에 고발해 수사가 진행 중이다.

지난 4월 6일 삼성증권은 우리사주에 대해 주당 1천 원의 현금배당 대신

1천 주를 배당해 실제로는 발행되지도 않은 주식 28억 주가 직원들 계좌에 잘못 입고되는 사고가 발생했다. 이에 삼성증권 직원 16명은 잘못 배당된 주식 501만 주를 시장에 매도했고, 또 다른 직원 5명은 주식을 매도하려고 했지만 거래가 성사되지 않았다.

사전구속영장이 청구된 4명은 주식이 잘못 입고됐다는 것을 알면서도 매도한 16명 중 일부다. 이들 4명에 대한 구속 전 피의자 심문(영장실질심사)는 20일 오전 10시에 진행될 예정이다.

2018년 4월 16일날 일어난 이른바 유령주식 배당 사건 관련자들에 대한 영장청구 관련 기사이다.

다음은 이러한 전대미문(前代未聞)의 사건에 대해 한 언론사에 기고한 칼럼이다.

삼성증권 '유령주식' 배당 제문제에 대한 법적 쟁점

《대한금융신문》, 2018. 4. 12.)

유령주식 배당이라는 전대미문(前代未聞)의 사고가 삼성증권에서 발생했다. 기존에 이와 같은 선례가 없으니 금번 삼성증권이 잘못 배당한 주식의 정체, 해당 주식을 매도한 거래의 성격, 직원에 대한 민·형사상 책임, 더 나아가 이로 인해 피해를 입은 일반 투자자의 배상범위에 대해서 혼란스런 의견이 제시되고 있다. 이에 대한 법적인 쟁점을 정리해 봤다.

먼저 잘못 배당된 주식을 매도한 행위에 대한 성격부터 살펴보자. 일각에서는 이를 무차입 공매도(無借入 空賣渡)라고 표현하고 있는데, 무차입 공매도란 주식을 빌리지 않은 상태에서 매도자 수중에 없는 주식을 미리 파는 것으로 우리나라에서는 금지돼 있다. 반면 빌려 온 주식을 매도하는 차입 공매도는 기관 등이 보관시킨 주식을 갖고 있는 한국예탁결제원이나 증권사 등에서 주식을 빌려 매도하는 것으로 적법한 것이다.

그러면 공매도의 대상은 빌리든 빌리지 않든 어디인가는 존재하는 주식이어야 한다. 그러나 삼성증권의 일부 직원들이 이번에 매도한 주식은 삼성증권이 아예 사람으로 치면 출산(出産)한 적도 없는 주식이다. 즉 일련의 주식발행절차라는 산통(産痛)을 전혀 거치지 않았으므로 존재하지 않는 (유령)주식인 것이다. 따라서 차용여부 이전에 주식의 존재를 전제로 하는 무차입공매도도 아닌 셈이다.

결국 애초 직원들에게 배당된 것은 '주식'도 아닌 단위만 주(株)인 '숫자'에 불과하다. 발행 후 일반주식처럼 예탁결제원을 거쳐서 입고된 것도 아니므로 간접점유조차 생각할 수 없다. 요컨대 이번에 배당된 주식은 어떠한 실체도 없는 숫자에 불과한 것이다.

그런데 일부 직원들이 이 '숫자'를 매도한 행위에 대한 법적 판단은 어떻게 해야 할까.

주식매매계약의 효력이 발생하기 위해서는 해당 주식이 존재해야 하는데 애초 주식이 존재하지 않으므로 이 매매계약은 무효로 판단될 수 있다. 이 경우 주식을 매도한 직원과 매수인 간의 부당이득반환 문제만 남을 것으로 보일 수 있으나 주식은 유통성을 가지고 있으므로 애초 주식을 매도한 직원과 전전유통(轉傳流通)돼 그 '숫자'를 매수한 사람 간에 관계도 무효로 정리하기에는 너무 복잡해진다.

즉 최초 매수인과는 부당이득관계로 정리할 수 있지만 그 이후 전득자(轉得者)는 그렇게 할 수도 없다. 만약 그렇게 처리한다면 주식거래의 안정성을 기초부터 흔드는 것이다.

한편 주식매매는 체결일(4월 6일 금요일)로부터 2영업일이 결제이행일(4월 10일 화요일)이다. 삼성증권은 사고 당일 일부 직원의 주식 매도에 대한 결제이행에 대비해 기관투자자로부터 주식을 차입(약 241만 주)하는 한편 약 260만 주를 장내매수했다. 이는 결국 '숫자'를 산 매수인에게 유령주식이 아닌 기존에 존재하던 진짜 주식을 주기 위함이었다.

이를 법적으로 해석하면 '무효행위의 추인' 정도로 해석할 수 있다. 결국 직원이 내다 판 유령주식을 매입한 매수자에게 진짜 주식을 주고 그 유령주식은 시중에서 거둬들인 것이다. 어쨌거나 회사의 주식상태는 위와 같은 과정을 통해서 4월 6일 발생한 배당 사고 이전으로 돌아갔다.

그렇다면 결국 남아 있는 것은 (삼성증권의 책임은 금감원의 검사를 통해 향후 밝혀질 예정이므로 이는 별론으로 한다) 이러한 과정에 주식을 매도한 직원에 대한 민·형사상 책임 내지 이 과정에서 손해를 본 투자자에 대한 배상문제다.

우선 직원에 대한 형사 처벌에 관해 횡령(橫領)죄로 처벌가능하다는 의견이 있다. 하지만 재산상 이득을 전제로 하는 배임(背任)죄와 달리 횡령죄의 경우 영득(領得)의 객체가 '재물'이어야 하며 따라서 해당 재물에 대한 점유를 전제로 한다.

그러나 위에서 살펴본 바대로 이 사건 배당 주식은 존재한 적도 없고, 어느 누구도 점유한 적이 없으니 배임죄(배임행위라 함은 처리하는 사무의 내용 등 구체적 상황에 비추어 신의칙상 당연히 하지 않아야 할 것으로 기대하는 행위를 함으로써 본인과 사이의 신임관계를 저버리는 일체의 행위를 포함하는 것으로 그러한 행위가 법률상 유효한가 여부는 따져볼 필요가 없음)는 별론으로 하더라도 횡령죄가 성립하지 않는다는 것이 필자의 견해이다.

민사적으로는 위와 같은 유령주식을 수거하는 과정에서 회사가 손해를 입었다면 해당 주식을 매도한 직원이 회사에 그 손해를 모두 배상해야 한다.

마지막으로 직원들의 대규모 유령주식 매도에 따른 급락으로 인해 주식을 함께 매각한 투자자의 경우 그 매각에 따른 손해를 회사에 청구할 수 있다. 실제 삼성증권은 4월 11일 오후 잘못 배당된 주식의 첫 매도주문이 발생했던 6일 오전 9시 35분 이전에 삼성증권 주식을 보유했던 투자자 중 당일 하루 동안 해당 주식을 매도했던 모든 개인 투자자들에게 대해

배상하겠다고 발표했다.

사태 이후 삼성증권 주가는 나흘 연속 하락한 상태이고 만약 이번 사태로 상당 기간 주가가 하락할 경우 당일 익일 이후 주식을 팔거나 주식을 팔지 않은 보유자들의 가치하락분에 대한 배상도 생각할 수 있으며 이번 사태와 주가하락 간의 인과관계도 있다고 보이므로 그 배상이 완전히 불가능한 것으로 보이지는 않는다.

위 칼럼 이후 실제 주식을 매도한 삼성증권 직원들에 대한 실제 형사판결내용은 어땠을까. 칼럼에서 시사한 바와 같이 다음과 같은 이유로 배임죄가 선고됐다.

피해자 회사의 직원이자 바로 자신의 계좌로 회사의 주식을 전산상 입력받은 피고인으로서는, 회사의 내규인 내부통제기준·사고처리지침·정보시스템 장애 관리지침과 고용계약 시 작성한 각종 서약서 및 고용계약에서 발생하는 신의칙상 임무가 있다. 그러한 임무에 따라 그 입력 사실 등을 즉시 부서장 등에게 보고하고, 자신의 계좌에 입력된 주식에 대하여 이를 그대로 유지·보존하면서 회사에 반환하는 등 회사의 사고처리 업무에 협력할 임무가 있었다.

그럼에도 피고인은 위와 같이 피고인 명의 계좌로 삼성증권 주식이 전산상 입력되자, 그것이 배당 담당 직원의 착오로 인하여 전산상으로만 입력된 것이라는 정(情)을 충분히 인식하였음에도 불구하고, 위와 같은 임무에 위배하여 전산상 잘못 입력된 주식에 대하여 매도주문을 제출하여 체결시킴으로써 회사에 대해 재산상 손해를 가하였다.

법원[23]은 이 외에도 직원들의 행위를 금융투자상품의 매매와 관련하여 부정한 수단, 계획 또는 기교를 사용한 것으로 보아 자본시장과금융투자업에관한법률위반으로도 판단했다.

전산입력 실수를 저질러 배당금 대신 주식을 입고하여 배당사고를 일으킨 직원[24]을 포함해 당사자들에 대한 민사판결 선고 결과는 어땠을까. 앞선 칼럼에서 서술한 바와 같이 주식을 매도한 직원들에게는 회사손해를 배상할 책임을 지우되, 회사 시스템의 결함과 담당 직원의 실수 등도 사건의 한 가지 원인이 됐고, 삼성증권이 배당사고 직후 사내방송 등을 통해 매도금지 공지를 하지 않아 피해가 커진 면이 있다며 해당 직원들의 책임을 50%로 제한했다.

다만 당시 전산 입력 실수를 저질러 배당금 대신 주식을 입고시킨 담당 직원 2명을 상대로 한 청구는 "입력 착오와 회사의 손해 사이에 타당한 인과관계가 없다"라며 법원은 삼성증권의 청구를 기각했다.

---

23 항소심에서도 법원은 사실상 동일한 판단을 유지하였다.

24 고의만 문제 삼는 형사사건과 달리 민사사건의 경우, 사고상의 과실을 문제 삼아 손해배상을 청구할 수 있다.

비유를 들어보면, 산타클로스 할아버지가 대표로 있는 회사는 아이들에게 선물을 배달하는 곳인데, 조수의 어처구니없는 실수(배당사고)로 고가의 선물(주식)을 그것도 한꺼번에 많이, 아이들이 아니라 산타클로스 할아버지의 직원들에게 나눠 주게 된 셈이 된 것이다. 그런데 그 직원들은 잘못 받았다는 것을 알면서도 이를 덥석 받아 중고시장(장내시장)에 내다 팔았고 산타클로스 할아버지는 이를 뒤늦게 알고 중고시장에 내놓아진 고가의 선물을 회수하는 과정에서 많은 손해를 보게 되었으며, 산타클로스 할아버지 회사 직원들은 형사 처벌뿐만 아니라 산타클로스 할아버지 회사가 입은 손해도 물어 주게 된 셈이다.

이 사건에서 당시 이 배상사고로 입은 손해는 삼성증권이 직원들에게 청구한 손해액으로 추산할 수 있는데 해당 소송에서 청구한 액수는 94억여 원이었다. 참고로 2013년경 한맥투자증권이라는 회사는 지수옵션시장에서 주문실수(차익거래 자동매매 프로그램에서 시스템 오류가 났거나 작업 과정에서 실수로 추정)로 약 460억 정도 손실을 보았고 결국 파산했다.

금융사기의 실체, 예방법 및 올바른 대처법

나는 밸류인베스트코리아[25] 등 몇 가지의 금융사기(유사수신 포함)를 당한 피해자들을 위한 사건을 수행하면서 그 실체, 예방법, 금융사기 피해의 올바른 대처법 등에 대해 언론사에 칼럼을 연재한 바 있는데 아래는 그 글들이다. 워런 버핏 투자 명언 중 첫 번째 룰은 절대 돈을 잃지 말라는 것이고 두 번째 룰은 첫 번째 룰을 잊지 않아야 된다는 것이다. 사실 돈을 불려

---

25 위 회사 대표 이모 등은 2011년 9월부터 4년간 '크라우드 펀딩'(불특정 다수가 소액을 투자)을 내세우며 금융당국 인가 없이 투자자 3만여 명을 모아 투자금 7000억 원을 모은 혐의로 기소되었는데 조사 결과 이들은 다수의 개인으로부터 투자금을 유치해 부동산이나 비상장 주식, 엔터테인먼트 사업에 투자하는 금융투자업체로 홍보했는데 밸류인베스트코리아는 금융위원회의 인가를 받지 않은 무인가업체였고 또 새 투자자에게 받은 투자금을 기존 투자자에게 수익금으로 지급하고, 수익이 발생한 것처럼 꾸며 새로운 투자를 권유하는 이른바 '돌려 막기'를 하기도 하였다는 범죄사실로 12년 등의 중형을 선고받았다.

준다는 많은 재테크 책들이 있지만 이런 투자사기 내지 유사수신에 당하지 않는 것이 더 중요한 재테크가 아닐까 한다.

금융사기 사건의 실체

《대한금융신문》, 2019. 4. 15.)

최근 유사수신행위를 포함한 금융사기가 기승을 부리고 있다. 마치 보이스피싱 수준이다. 나는 이번 글에서 실무 경험에 따른 실제 피해사례를 보여 주고자 한다.

평소 재무관리 명목으로 당신의 재정상태를 속속 잘 알고 있는 그들은 당신이 가입한 보험 상품의 수익률 내지 예·적금의 수익률이 형편없음을 탓하며 강남 아줌마들만이 안다는 재테크 상품을 권유한다.

그 상품이란 것들은 일반인들에게는 매우 생소한 것들이다. 외환선물거래(FX마진), 비상장 주식 투자 등의 상품투자권유는 이미 유사수신의 고전이 됐고 현재는 익명조합계약, P2P금융, 핀테크, 가상화폐(코인), 미술품재매입계약 등을 통해 끝없이 모습을 바꾸고 있다. 그들은 해당 상품이 수익금을 내는 구조가 절대로 손실을 볼 수 없는 구조라고 한다. 혹은 원금손실이 발생하더라도 상당 금액의 유보금을 쌓아 두거나 투자금을 모집하는 회사 대표가 강남 요지 등에 부동산과 여러 개의 알짜 회사를 가지고 있어서 투자손실에 대한 담보도 확실하다고 한다.

아래는 그들이 실제 피해자들에게 언급한 투자 권유 설명들이다.

"이 상품은 저위험 고수익, 확정수익형이다", "상장을 2년 이내 할 것이라 원금보장을 확실히 해 주는 방식으로 펀딩하는 것이다", "해외 자산운용사에서 판매하는 비과세 금융상품이다. 자금을 투자하면 1년의 약정기간동안 월 1%씩 투자금에 따른 이익배당금을 확정 지급하고 만기인 1년 후에 원금상환을 보장해 주겠다. 투자일 6개월 이후에는 언제든지 해지 가능하며 페널티 없이 원금상환을 해 준다. 외국 은행에 개설된 본인 명의 계좌현황을 실시간으로 확인할 수 있다"며 다른 고객의 명의로 매월 따박따박 배당금이 들어온 내역을 보여 주기도 한다.

또 '블라인드 펀딩'(우리말로 굳이 번역하면 어디에 투자하는지 모르는 투자이다. 알면 경쟁률이 높아져 투자기회를 놓친다고 한다)이라고 호칭하면서 "정부 관련 기관에서 이미 입찰이 예정돼 있는 프로젝트 건에 대해서 계좌확인(입찰자가 해당 입찰을 위해서 입찰보증금조로 해당 계좌에 일정 이상의 자금이 있다는 것을 보여 주기 용도를 말하는 것을 의미)용으로만 자금을 빌리는 것이고 이 자금을 어디에 돌리는 것이 아니므로 원금이 손실될 가능성이 없으며 정부산하기관에서 진행하는 입찰이므로 안정적이고 확실하며, 한 달 정도 사용하는 자금으로 수익률만 20~30%를 제공한다"고 한다.

다음으로는 그들이 당신에게 투자금 입금을 어떻게 재촉하는지 보자.

"10시부터 펀딩 시작인데 선착순 마감이라 입금을 빨리해야 합니다. 보통 이런 종목들은 시작과 동시에 끝나기에 인터넷뱅킹으로 입금할 준비를 마치고 10시 땡하면 송금버튼을 누르는 방법을 하거나 제일 확실한 것은 은행 창구에 가서 은행직원에게 10시 전에 송금 준비를 마쳐서 10시 땡하면 송금 처리될 수 있게 하는 것이 가장 확실한 방법입니다"

이건 마치 당신을 초조하게 해서 물건을 구매하게 만드는 홈쇼핑의 방법이다.

그리고 백이면 백 투자금이 입금되고 난 후 투자계약서가 작성된다. 통상 투자계약서와 병행해 원금을 보장한다는 것을 확실하게 하기 위해 투자금과 같은 금액의, 확정이자율과 변제기한이 기재된 금전소비대차계약서가 작성된다.

하지만 그들은 유사수신위반에서 빠져나가기 위해 최근에는 위와 같은 소비대차계약서를 거의 작성하지 않고 있다.

최근 그들은 투자금 이체 후 제시되는 투자계약서에 '원금이 손실될 수 있다'는 문구를 반드시 삽입시키고 있다. 해당 문구에 대해서 '투자금 이체 전에는 그런 이야기한 적이 없지 않느냐'라고 문제 삼는 당신에게 수익률이 100~200%인데 원금 손실이 날 가능성은 전무하다면서 안심시킨다. 이미 투자금을 송금한 후라 당신은 찜찜하지만 해당 계약서에 사인한다.

이 이후 한동안은 반드시 배당 내지 이자 명목으로 아주 약간의 돈이 들어오기는 할 것이다.

하지만 돈은 더 이상 들어오지 않고 당신의 자산 변동 상황을 자세히 보여 준다는 그들의 홈페이지는 조금씩 이상해질 것이며 모집인도 연락이 뜸해지거나 연락하기도 쉽지 않은 순간이 온다.

어렵게 모집인과 연락이 닿자 대표가 달아났다고 한다. 자기들도 대책을 강구 중이고 자기뿐 아니라 자기 가족들도 많이 투자해 자기들도 피해자이고 힘드니 일단 기다려 보라고 한다.

주범은 결국 잡히지만 투자금의 행방은 찾을 수 없다. 모집인들을 고소하더라도 모집인은 모집수당을 받은 것에 불과하며 자신들도 속아 실제 투자해 피해를 본 내역도 있으니 대부분 무혐의처분을 받는다.

그러나 그들은 또 다른 유사수신 업체를 세운다. 마치 영화 엔딩 부분의 'To be continued' 자막처럼.

금융사기(유사수신 포함) 피해 예방법

《대한금융신문》, 2019. 5. 13.)

지난 글에서 금융사기의 실체에 대해 설명했다면 이번에는 금융사기피해를 당하지 않기 위한 단계별 예방법에 대해서 설명 드리고자 한다.

우선 은행이나 저축은행의 예·적금 금리수준을 훨씬 초과하는 고수익과 원금을 보장해 주겠다고 하면 업체규모나 영위업종에 상관없이 일단 투자사기를 의심하면 된다.

모집책에게 이렇게 이야기하라.

"그런 고수익이면 당신이 직접 하지 왜 나에게 소개시켜 주는가."

아마도 그 모집책은 '돈이 있으면 나라도 당장 하지. 너무나 좋은 기회라

놓치기 싫어서 고객님에게만 이야기해 주는 것이다'(모집책의 실제 언급)라는 식으로 이야기할 것이다.

일단 솔깃했으나, 분명히 확인해야 할 것이 있다. 업체의 이름과 그 업체가 제도권 회사인지 여부다. 무슨 금융그룹, 파이낸스, 캐피탈, 크레디트 등의 이름이 많기는 하나, 가장 많이 등장하는 회사 이름은 '○○인베스트'일 것이다.

이름을 들었다면 그 자리에서 바로 핸드폰 검색창에 '파인'이라고 쳐 보라. 그러면 '금융소비자정보포털 파인'이라는 곳으로 연결되고, 그 홈페이지상 '제도권 금융회사 조회'에서 해당 업체가 제도권 금융회사인지 확인해 보라. 회사명을 조회창에 넣었는데 뜨지 않는다면 일단 의심해라.

"제도권 금융회사가 아닌데 어떻게 된 거냐."

그러면 모집책은 이렇게 이야기할 것이다. '본사가 미국에 있는 글로벌 회사로 외국계라 한국의 인·허가가 필요 없는 회사'(모집책의 실제 언급)라거나 '우리 회사 금융기법이 너무나 선진화돼 있어 우리나라 금융제도가 따라오지 못해서 안타까울 뿐이다. 현재 금융위원회에서 우리 금융기법에 대해 TF를 만들어 검토 중이니 곧 제도권으로 편입될 것이다'(금융사기업체 총책의 실제 언급). 그러나 그 금융기업은 지금도 제도권으로 편입된 바 없고 편입될 가능성도 전혀 없다.

미심쩍으면 금융감독원 '불법사금융피해신고센터'(1332)로 전화를 한번 해 보라. 그러면 동일한 업체에 대한 민원이 이미 들어와 있을 것이다.

그럼에도 불구하고 친분관계이든, 어떤 이유이든 간에 투자하기로 마음을 굳혔다면 다짜고짜 어느 계좌로의 입금을 재촉하는 모집책에게 '계약서를 가지고 오라'고 요구하라.

그러면 모집책은 '그러면 기회를 놓칠 텐데, 우선 입금하고 계약서는 천천히 보내 주겠다'고 할 것이다.

당신은 기회를 놓쳐도 좋으니 계약서를 우선 확인한 후에 투자하겠다고 분명히 이야기하라.

계약서를 받아 보면 각종 명목의 선취수수료로 20%가 기재돼 있을 것이다. 즉 1000만 원 중에 800만 원만 투자되고(실제 투자될지도 의문이다) 200만 원은 자기 회사에서 각종 수당명목으로 가져간다는 것이다.

그러면 '20%나 떼어 가는데 어떻게 20% 이상의 수익을 얻는 것이 가능한 것이고 손해조차 보지 않느냐'고 물어 보라. 그러면 모집책은 둘러댈 것이다. 아래는 모집책이 실제로 답변한 내용이다.

"우리 회사는 '알파고'가 있어 절대 손해를 보지 않는다."

당신이 투자금을 입금하면 며칠 후 모집책에게 20% 중 일정 비율이 바로 지급되고 그 위 지점장, 이사, 본부장, 대표이사가 다단계로 수당을 가져간다는 사실을 알아야 한다.

또 한 가지 더, 모집책이 무조건 대박이라는 비상장회사 주식 투자를 권해도 금감원 전자공시시스템(DART)에서 해당 회사를 검색해 해당 회사의 사업보고서 내지 감사보고서 정도는 검색하는 수고를 반드시 거쳤으면 한다. 해당 회사가 검색되지도 않거나 혹은 검색해 보았는데 해당 회사에 대한 감사인의 감사의견이 '의견거절'이라면 애초 그들이 내세우는 상장의 기본적인 요건조차 못 갖추고 있는 것이다. 대박이기는커녕 투자하면 바로 쪽박인 셈이다.

마지막으로 당신이 여러 단계에 걸쳐서 위와 같은 합리적 의심을 제기했음에도 불구하고 모집책이 계속 집요하게 투자를 권유한다면 이렇게 되물어 보아라.

"금융사기란 무엇인가?"

금융사기 피해의 올바른 대처법

《대한금융신문》, 2019. 10. 14.)

앞선 기고에서 유사수신의 실체, 그리고 유사수신 내지 금융사기 피해 예방법에 대해 설명한 바 있다. 이번 글에는 유사수신 내지 금융사기 피해를 당했다면 어떻게 대처해야 할지에 대해서 설명하고자 한다.

대체로 피해자들이 피해를 당했다고 인지하는 시점은 다양한 형태가 있다. 그중 가장 확실히 알 수 있을 때는 피해금액을 이체한 후 꼬박꼬박 들어오던 이자 내지 수익금 지급이 중단된 때다.

문제는 피해자들이 피해를 깨달은 시점에서 사건의 내막을 제대로 파악하기 어렵다는 점이다. 그들은 조직이지만 피해자들은 모래알같이 흩어져 있어서다. 다행히 최근에는 금융 피해자 카페가 활성화돼 있어 피해자들도 금융사기를 좀 더 빨리 눈치챌 수 있게 됐다.

또 다른 문제가 있다. 피해자 개별 피해액은 몇백만 원이 대부분이라 법적 구제를 포기하는 경우가 많다는 점이다. 사실 금융사기조직은 대부분 모집액을 한 사람당 몇백만 원 단위로 설정하는 경우가 많다. 사람의 심리상 피해가 발생해도 소액의 경우 피해 구제를 쉽게 포기하는 경우가 대부분이어서다. 더불어 개별적으로 소송하기에 몇백만 원의 피해액은 상당히 애매한 소가다. 금융사기를 저지르는 자들은 바로 이러한 허점을 노린다. 그러나 그 어떤 돈도 쉽사리 포기해서는 안 된다.

기존 피해자들이 취하고 있는 피해 회복을 위한 법적 조치들의 문제점에 대해서 고언을 하겠다.

먼저 피해자들은 주범들에 대해서 이미 진행되고 있는 형사사건에서 배상명령신청을 하는 경우가 있다. 이러한 조치를 취하는 이유는 여러 가지가 있겠지만 민사소송의 제기는 인지대 등의 실비가 필요하고 변호사를 선임하는 경우 변호사 비용의 지출 등 적지 않은 비용이 소요되는 반면, 배상명령신청의 경우 인지대 등이 따로 들지 않고 위 신청을 통한 형사절차의 적극적 관여를 통해 피고인들에 대한 압박, 이로 인한 합의유도라는 결과를 이끌어 낼 수 있기 때문이다.

사기가 소송촉진 등에 관한 특례법에 따른 배상명령 대상 범죄이기는 하다.

그러나 결론부터 이야기하자면 금융사기 형사사건의 경우 대부분의 배상명령신청은 피고인들의 배상범위가 명확하지 않다는 이유로 각하된다.

또 이와 같은 사기사건은 워낙 피해자들이 많아서 합의가 사실상 불가능하다. 결국 해당 형사사건에서의 배상명령신청은 그다지 적절한 피해구제 수단이라 할 수 없다.

두 번째로 적지 않은 피해자들이 모집인을 괘씸하다고 여겨 사기로 고소하는 경우가 있다. 이 또한 모집인들이 단순히 모집행위만 하였다는 이유로 무혐의 결정이 나오는 경우가 대부분이다. 이러한 무혐의 결정은 차후 모집인에 대한 민사소송에 있어 불리한 증거자료로 이용될 수 있다. 모집인에 대한 고소가 오히려 해가 될 수 있는 것이다.

피해자들이 취하는 위와 같은 법적 조치를 이해 못 할 바는 아니다. 우선 위와 같은 조치의 비용은 거의 들지 않을뿐더러 특히 배상명령의 경우 형사재판에서 피해자들의 목소리를 대변할 수 있는 유일한 통로이기 때문이다.

그러나 피고인의 유죄 여부 및 형량을 정하는 형사절차와 피해구제가 궁극적인 목적인 민사 소송은 엄연히 다르다. 결국 해당 사기회사뿐만 아니라 그 주범들 '모두'를 상대로 민사소송을 제기할 수밖에 없다(나는 최근 사기 및 자본시장법을 위반한 대규모 금융사기 사건 관련 형사사건에서 유죄판결을 받은 피고인들 모두에 대해서 피해전액에 대한 승소판결을 받은 바 있다).

물론 회의적인 시각이 있을 수 있다. '상대가 무슨 돈이 있겠느냐'는 것인데 그 상대는 지금 관련 형사사건에서 10군데 이상의 법무법인을 선임한 사실은 어떻게 설명할 수 있을까? 마늘밭에 숨겨 뒀을 수도 있겠지만 그렇게 숨겨 둔 돈도 결국 민사판결이 있어야 집행할 수 있다.

쉽지 않겠지만 차명재산이면 이를 소명해서 집행할 수도 있고 또한 재산을 어디 빼돌렸으면 그 빼돌린 재산을 취득한 자를 상대로 채권자취소송이라도 별도 제기해야 한다. 이 모든 과정을 개개인이 취하기에는 쉽지 않으므로 되도록 다수의 피해자모임을 구성해 전문적인 변호사의 도움을 받아야 한다.

더욱이 모집인에 대해서 형사책임은 지우기 어렵지만, 민사책임은 물을 수 있다는 점도 민사소송의 강점이다. 최근 법원은 유사수신 내지 금융사기 피해에 있어 모집인에게 방조에 의한 불법행위책임을 인정해 피해액의 50%의 책임을 인정하거나, 원금 보장 등의 언동을 한 모집인의 경우 피해액의 70%의 책임을 인정하기도 했다.

피해 회복의 길은 쉽지 않지만 그래도 그러한 결과는 최선을 다해서 노력하는 이들만의 것이다.

다음은 내가 피해자들을 대리한 사건의 주범들에 대해 선고된 형사사건의 판결문[26] 중 일부이다. 금융사기범죄의 특징에 대해서 일목요연하게 정리한 훌륭한 글이어서 싣고자 한다. 판결이라기보다 금융사기범죄의 특징에 대해서 한 편의 놀라운 논문처럼 잘 정리되어 소개드린다.

---

26   서울남부지방법원 2018노2462 판결

금융사기범죄의 특징

'금융사기범죄'란 '금융거래 주체가 자신의 진정한 자금상태를 기망하거나 조작함으로써 금융거래에서 요구되는 신용 내지는 신뢰에 위반하여 재산적 이득을 취하는 행위로서 금융거래 주체 상호 간의 신용 및 신뢰와 금융거래의 안전을 침해하고 궁극적으로는 국민경제질서를 위해하는 범죄'로 정의할 수 있다. 시장의 역사와 함께해 왔던 금융사기범죄는 최근 더욱 전문화·조직화·고도화되고 있고, 전문적 지식과 컴퓨터 기술을 이용해 합법적인 행위로 위장·은폐할 수 있기 때문에 수사단서를 파악하거나 증거를 확보하기가 어려운 경우가 많다. 이러한 금융사기범죄에서는 다음과 같은 공통적인 특징이 나타난다.

① 고이율, 화려한 수익률을 미끼로 금전을 예탁받는다. 정상적인 사업인 것처럼 가장하여 계약을 체결하지만, 그 실체는 처음부터 금전을 편취할 목적인 경우가 많고, 이러한 형태의 자금모집은 사기죄를 구성하는 경우가 대부분이다. 지속적인 수익률을 과시하고 리스크(risk)에 비해 지나치게 높은 수익을 보장하며, 투자환경은 급변하는데도 믿기 어려울 정도로 안정적인 성과를 낸다고 선전한다.

② 영업인력을 조직함에 있어 피라미드식 수당체계를 도입하여 영업사원들로 하여금 무리하게 투자금을 모집하도록 한다. 영업사원들은 피라미드식 수당체계에 따른 높은 수당을 받기 위해 자발적으로 탈법적인 영업행위를 감행하기도 한다. 또한 피라미드식 수당체계로 인하여 높은 비용

공제를 하게 되어 실질 투자가능액이 상대적으로 작아지고, 이에 따라 이론적으로도 실질투자액과 대비하여 아주 높은 수익률을 올려야만 목표수익을 지급할 수 있다.

③ 투자상품은 등록되지 않은 상품이나 전문가조차 이해하기 어려울 정도로 복잡한 상품 또는 성공가능성이 높지 않은 벤처기업 등에 관한 투자상품을 판매하기도 한다. 일반인인 잠재적 투자자들이 쉽게 이해하기 어려운 투자구조를 이용함으로써 사업 자체에 대한 합리적 분석보다는 그 결과치인 수익률만으로 사업에 대한 평가를 할 수밖에 없도록 하고, 이러한 상황에서 수익률을 조작함으로써 잠재적 투자자를 쉽게 속일 수 있기 때문이다. 회계자료는 조작되고 감사는 부실하며 관련 자료는 공개되지 않거나 조작된 자료가 공개된다.

④ 행위자의 자금운용 내지 투자사업은 그 실체가 존재하지 않거나 실패에 그치는 경우가 많다. 범행수법은 크게 미끼수법(현실 속에는 존재하지 않는 가공의 투자상품이나 금융, 부동산, 수익사업 등 투자처를 허위로 만들어 현혹하는 방법)과 유인수법(실제 투자상품이나 투자처가 존재하지만 그것이 부실하거나 사실상 거기서 수익이 발생할 수 없는 상황임에도 불구하고 허위·과장광고, 거짓된 행위 등의 수법을 동원하여 속이는 행위)으로 구분될 수 있는데, 유인수법에서는 전문직 혹은 전문적 테크닉을 소유한 투자사기 범죄자들이 실제로 존재하는 투자상품을 교묘하게 활용하는 수법이기 때문에 미끼수법에 비해 상대적으로 신중한 투자자들까지 속기 쉬울 개연성이 있다.

⑤ 투자금의 혼합관리를 통해 수익의 발생여부 등을 알 수 없도록 자금내역을 불투명하게 관리한다. 이는 단순히 자본시장법을 위반한 것을 넘어 수탁자가 언제라도 몰래 돈을 빼돌릴 수 있도록 하기 때문에 사기범행의 필수적 전제가 될 수 있다.

⑥ 수익이 나지 않더라도 기존 가입자에게 약정한 원금과 수익금을 모두 지급한 뒤 그 성과를 적극적으로 홍보하고, 설령 지급하지 못한 경우에도 그 성과를 허위 내지 과장하여 홍보한다. 새로운 고객의 유치가 있어야만 사업의 지속이 가능하기 때문이다. 수익률이 높다는 이론적 상품홍보만으로는 지속적인 고객유치가 어렵고, 상품 자체의 복잡성으로 일반인이 투자의 구조를 쉽게 이해하기 어렵기 때문에 성과라는 결과치를 이용하여 잠재적 투자자들을 현혹하게 된다. 또한 이러한 방식을 통하여 원금보장약정을 하지 않으면서도 사실상 원금보장이 된다는 믿음을 유발·강화할 수 있다. 반환시기가 도래하지 않거나 도래하더라도 다단계 피라미드 수법을 동원해 새로운 고객으로부터 모집한 자금으로 먼저 투자한 고객에게 배당이 이루어지는 '돌려 막기'의 단계에서는 문제가 표면화하지 않다가 그 배당이 실패하는 단계에서 발각되는 경우가 많기 때문에 그 동안 피해는 더욱 막대해진다.

⑦ 해당 사업은 종국적으로 붕괴할 수밖에 없다. 그 양이 얼마이든 수익이 발생한다 하더라도 그 수익의 규모는 배당금의 규모보다는 작아 자체적으로 붕괴될 수밖에 없기 때문이다. 또한 대개의 경우 기획자가 다수의 불법적인 행위에 관여될 확률이 대단히 높아 자체적으로 붕괴되기 전에

당국의 제재를 받게 된다.

　이렇듯 금융사기 사건들은 날로 교묘해지고 치밀해지고 있다. 재테크를 잘하는 법에 대해서는 사람들이 많은 관심을 가지고 책이나 방송 등을 열심히 탐독한다. 반면 금융사기는 자기와는 무관한, 금융지식이 전무한 노인들이 당하는 보이스피싱 정도로만 취급하여 금융사기 피해를 당하지 않는 방법에 대해서는 무관심한 경우가 많은데 사실 돈을 버는 것보다 잃지 않는 것이 더 중요하다.

　금융사기 사건에서 피해를 보는 경우 자신의 상당한 재산이 순식간에 날아가거나 더 심각한 문제는 대출까지 받아 투자사기를 당하는 경우 삶의 의지까지 잃을 수 있다.

　하이 리스크, 하이 리턴(High risk, High return)이라는 말이 있지만 금융사기의 경우, Low return이 아니라 아예 No return임을 명심해야 한다.

2장

일반 민·형사 사건의
변론외전

아니 이런 부당한 법이!

　상식(常識)은 사람들이 보통 알고 있거나 알아야 하는 지식으로 풀이된다. 변호사에게 사건을 풀어 가는 상식은 동일 내지 유사한 사건에 있어서의 전원합의체 판례를 비롯한 대법원 판례 내지 선행 하급심 판례내용이며 이러한 판례를 잘 찾고 사건에 적용하는 것이 중요한 일이다. 그러나 세상사는 복잡다기(複雜多岐)해서 판례에 딱 떨어지는 사안이란 없고 오히려 판례에 반하는 내용임에도 도전해 볼 가치가 있는 사건도 있다.

　법원의 생리가 다 그렇다고 할 수는 없지만, 복잡하고 어려운 사건일 경우 앞선 판결을 따라가는 경향이 있다. 내가 진행한 저축은행과 동양그룹 사건들만 봐도 이 같은 흐름을 읽어 낼 수 있다. 사회적으로 큰 이슈가 되어 여러 사건이 법원에 제기되면 판결 또한 순차적으로 선고된다. 그런데 최초 선고된 판결과 그 뒤의 일련의 판결문들을 보면 상당수의 후행 판결 내용이 선행 판결과 거의 내용이 동일하다.

그렇기에 선행 사건의 판결이 불리하게 선고된 경우, 후행 사건을 맡게 되면 변호사로서 답답한 마음이 든다. 다른 변호사가 대리한 선행 사건의 결론이 불리하게 났는데, 후행 사건 재판부마저 사건 전반에 대한 새로운 고민이 별로 없어 보일 때 솔직한 심정으로 사건에 대해 다투고 싶은 의욕이 사라질 때도 있다.

그렇다고 가만히 앉아 있을 수만은 없는 법. 후행 사건을 맡은 변호사는 선행 판결의 물줄기를 바꾸기 위해서 이래저래 치열한 고민을 하면서 변론 중 새로운 주장(쟁점)을 여러 번 날려 보지만 상대(재판부)는 전혀 요동하지 않는다. 그럴 때면 힘이 쫙 빠진다. 그냥 수건을 던지고 싶은 마음도 든다. 더욱이 항소심보다 유연하고 다소 여러 가지 생각을 낼 수 있는 1심이 그러면 더 기운이 빠진다. 그렇다고 '내가 포기할쏘냐' 이럴 때에는 내가 쓴 아래 칼럼이 생각난다.

"아니 이런 부당한 법이!"

〔fn논단〕 변호사의 관점

《파이낸셜뉴스》, 2014. 10. 30.)

가끔씩 같은 사무실 변호사들끼리 쟁점이 되는 사건에 대해 함께 논의할 때가 있는데 다들 바쁜 경우가 많아 길게 이야기할 짬을 내기가 쉽지 않다. 그래서 그런지 묻고자 하는 변호사가 사건의 사실관계를 줄줄이 이야기할라치면 듣고 있던 변호사는 말을 끊고 '우리는 어느 쪽인데'라고 되묻는다. 즉 변호사는 판사가 아니니 일방의 대리인일 수밖에 없는데 일단 사실관계는 둘째 치고 어느 편에서 생각해야 하느냐가 논의의 시작점인 것이다. 가령 원고냐 피고냐 아니면 고소인이냐, 피고소인이냐. 그런 다음에야 사건의 사실관계를 재조명하기 시작한다. 상대방이 주장하는 사실관계는 다툼 없는 사실 내지 입증이 되기 전까지는 법정에서 아직 사실이 아니며 상대방이 원용하는 판례는 우리 사건과 사실관계가 달라 적용되지 않는 판례거나 유사한 판례가 있어 우리 사례에 적용된다 치더라도 전원합의체 판결로 바꿔야 하는 아주 부당한 판례인 것이다.

판·검사 위주의 교육 중심인 사법연수원을 갓 수료한 변호사 1, 2년차 때에는 필자가 이런 변호사로서의 마인드가 아직 갖춰지지 않아서 그런지 의뢰인과 상담하다 '법규정, 판례에 의하면 이 사건은 패소이니, 소송을 진행하지 않는 것이 좋겠다' 심지어는 '왜 안 되는 소송을 하려고 하느냐고 마치 판사인 양 쉽게 단언하고 승패를 예단했다.

그러나 막상 변호사 연차가 쌓이다 보니 판결문에 나타나는 것은 변호사의 주장에 따라 '입증책임원칙과 변론의 전취지에 의해 현출된 사실'들이었다. 그러한 원칙들에 의해 의뢰인에게 유리한 사실을 밝히는 것이 변호사의 역할인 것이다.

어느 선배 변호사의 이야기다. 의뢰인이 시무룩해하면서 '법 규정에 이러이러하게 불리한 내용이 있으니 이 사건 애초 질 사건 아니냐고 얘기하자 그 변호사가 '어느 법에 그런 규정이 있느냐'고 도리어 다그쳤다.

그런데 의뢰인이 막상 해당 법 규정을 제시하자 그 선배 변호사는 "아니 이런 부당한 법이. 이거 위헌이야. 헌법소원해야겠구먼"이라고 했단다.

웃어넘길 수 있겠지만 이게 변호사의 관점이다. 애초 넘어뜨릴 수 없어 보이던 철옹성 같은 판례, 다툼의 여지가 없어 보이던 법조문 하나하나에 변호사가 문제를 제기하면서 잽을 조금씩 날리다 보면 그것이 새로운 전원합의체 대법원 판례가 되는 것이고 위헌법률이 되는 것이다.

그 대표적 사례가 '한국을 바꾼 시대적 판결 12건'에 선정된 '여성을 종중원으로 인정하지 않는 종중의 조치가 부당한 여성 차별에 해당되고 국가의 기본적 법질서에 어긋난 것'이라고 판시한 2005년 전원합의체 판례다.

이러한 판례 변경은 법관의 치열하고 심도 있는 결단에 의해 이루어지기는 했겠지만 당연하게 인정됐던 관습에 대해 의문을 제기하고 미혼인 여성 또는 결혼해 출가한 여성과 그 자손은 종중의 구성원이 될 수 없다는 1992년 대법원 판결에도 불구하고 감히 도전장을 내민 용인 이씨 사맹공파 여성 5명과 그 변호사의 소장에서 비롯됐다 해도 과언이 아니다.

개인적으로는 필자 또한 저축은행사태 당시 금융상품 성격 자체가 은행이 파산되면 전혀 원금 회수가 되지 않는 후순위사채에 대해 피해자의 법적 구제가 될 수 없을까 치열하게 고민했고 이에 소송을 제기해 최초로 법적 구제에 대한 판례를 얻어 낸 바 있다. 이러한 이유로 새로운 생각을 거침없이 제시할 수 있는 변호사가 나는 좋다. 상식에 도전하는 일방의 대리인이 되고 싶다.

모든 사건이 운명의 사건

2006년 이후 5년간 로펌 소속 변호사 생활을 마치고 2011년 개업 변호사로서 첫 발을 디뎠다. 독립할 당시 2개의 사건을 가지고 변호사사무실 운영을 시작했다.

나의 '제1호 사건'의 의뢰인은 교회를 통해 알게 된 분이었다. 1호 사건을 마무리한 지 10여 년이 지났지만 지금도 그분의 다른 사건을 진행하고 있다.

'제2호 사건'은 행정사건으로 군대 동기였던 사내 변호사가 소개해 줬다. 1호와 2호 모두 큰 사건이 아니어서 수임료가 그리 많지는 않았지만 사건 두 건을 가지고 있다는 사실 자체만으로도 그렇게 마음이 든든할 수가 없었다. 개업 초기, 두 사건도 나에겐 너무나 소중했지만 언젠가는 '운명의 사건'이 오기를 기대하고 있었다.

'운명의 사건'은 생각보다 일찍 찾아왔다. 사안은 이러했다. 의뢰인 부부의 갓 태어난 아기에게 아토피 증상이 있었다. 병원에 갔더니 그 병원에서 유아 아토피 증상에 효과가 좋다는 글로벌 제약사의 크림을 직접 처방하고 교부해 주었다. 그런데 증상이 낫기는커녕 붉은 발진이 아기 온몸에 나고 두드러기 증상까지 생겼다. 의뢰인은 "이를 어떻게 해야겠느냐"라고 나를 찾아왔다.

'아 나에게 이렇게 운명의 사건이 일찍 찾아오나' 하고 속으로 여러 가지 시나리오를 상상했다. '일개 변호사가 글로벌 다국적 제약사를 상대로 제조물책임(製造物責任)²⁷을 물어 승소하다!'라는 일간지의 1면 헤드라인을 떠올려 봤다. '언론사에서 사건 관련 취재가 들어오면 어떻게 인터뷰해야 하나' 하는 생각도 했던 것 같다.

병원은 문제가 된 크림을 처방했던 것뿐이었으므로 나는 해당 크림의 제조사에 책임을 묻기로 했다. 제약사를 상대로 의기양양하게 사안의 경과를 설명하고 배상을 어떻게 할 것인지, 그리고 배상을 거부할 경우 바로 민형사상 소송을 제기하겠다는 취지의 내용증명을 송부했다. 내용증명에 대한 상대방 측의 답변은 의외로 신속했다. 제약회사 실무자가 우리 사무실을 직접 방문해 협의하고 싶다는 의견을 전했다.

나는 속으로 '바로 공중파 뉴스에 제보해야지'라고 생각했다가 뒤이어

---

27 물품을 제조하거나 가공한 자에게 그 물품의 결함으로 인해 발생한 생명·신체의 손상 또는 재산상의 손해에 대하여 무과실책임의 손해배상의무를 지우고 있는 제조물책임법에 따른 손해배상책임

'그래, 일단 상대방 이야기는 들어 보자'라는 생각이 들었다. 아니나 다를 까 제약사 측도 내용증명 회신을 통해 해당 크림이 어디서 제조, 보관, 판매되었는지 역추적하고 있으니 며칠만 시간을 달라고 했다.

속으로 '시간? 이게 운명의 사건인데, 바로 민사소송을 제기하고 동시에 보도자료를 내겠다'라는 생각이 들었지만, 상대방 실무자의 간곡한 부탁과 요청에 법적 조치 실행은 일단 유보하기로 했다.

개업 초기라 엄청 바쁘기도 했거니와 당시 추진하고 있었던 '저축은행 사태'로 인한 후순위 사채 손해배상 사건 준비에 여념이 없어 일단 이 사건은 상대방의 연락을 기다렸다. 이윽고 상대방 제약사 측에서 연락이 왔는데, 사건의 전말(顚末)은 이러했다.

의뢰인 아내분과 비슷한 나이의 여성이, 의뢰인 부부가 그 크림을 구매하였던 해당 병원에서 크림을 구매했었다. 그 여성의 아기가 아토피 증상이 있었기 때문이다. 그 여성은 그 크림을 자기의 아기에게 다 바르고 또 사고 싶었다. 하지만 이를 구매할 여력이 되지 않자 자신이 구입한 크림통에다가 비눗물 내지 샴푸 같은 것을 넣었다.

정확히 무엇을 넣었는지는 확인할 수 없었으나 관련 형사 사건에서 '계면활성제'(界面活性劑, 일상생활에 있어서는 비눗물, 샴푸, 세제 같은 제품을 지칭한다.) 성분으로 확인되었다. 그 여성은 크림을 감쪽같이 안 쓴 것처럼 반듯하게 포장해 다시 병원에 이를 환불하는 형식으로 병원에 돌려줬다. 그런데 병원 측은 이를 인지하고 못하고 환불된 제품을 새것으로 착각하고 다시 의뢰인 부부에게 판매한 것이었다.

제약회사 실무자는 병원의 협조를 얻어 직접 해당 병원의 CCTV를 모두 일일이 확인하던 중 한 여성이 크림을 환불하는 장면을 찾아내 그의 신상정보를 알게 됐고, 문제된 크림의 내용물(우리 의뢰인이 발랐던 크림)이 애초 원래 제품이 아니라 일종의 계면활성제라는 사실을 알게 되어 회사 또한 그 여성을 형사고소 하였다고 한다. 결국 우리 의뢰인은 물비누와 같은 것을 크림으로 알고 아기에게 바른 셈이었다.

비눗물을 온몸에 바른 의뢰인 아기를 생각하니 너무나 측은하고 안타까웠다. 그나마 불행 중 다행인 것은 일종의 비누 같은 것이므로 피부에 영구적인 문제를 주지는 않을 것이란 점이었다.

다른 한편으로 이 사건을 어떻게 정리해야 하나 싶었다. 이제 글로벌 제약사에 대한 운명적이면서도 극적인 승소 시나리오는 물 건너갔기 때문이었다. 병원의 다소 간의 과실(환불처리 과정에서 기존 고객이 해당 제품을 사용한 흔적이 있는지 등에 대한 확인 주의의무(主意義務) 위반)에 대한 책임을 물을 수 있었다. 그러나 의뢰인은 크림이 아주 이상한 물질이 아님에 안도하며 굳이 병원을 문제 삼고 싶지 않아 했다. 결국 법적으로 책임을 물을 수 있는 상대방은 자기 아기를 위해서 결과적으로 남의 아기에게 해를 가한 여성이었다.

그 여성은 앞서 언급한 형사고소로 인해 병원에 대한 업무방해로 입건됐다. 그런데 들어 보니 홀로 아이를 키우는 데다 경제적으로도 곤궁하여 참으로 딱하기 이를 데가 없었다. 검찰도 여러 사정을 고려해서 아주 작은 벌금으로 약식(略式)명령청구[28]를 하였다고 한다.

이 경우 아기 치료비와 의뢰인 부부에 대한 위자료 정도를 그 여성에게 청구할 수 있을 것 같아 그러한 점을 의뢰인에게 이야기했더니 그냥 넘어가자는 대답이 돌아왔다. 참으로 마음씨가 고운 의뢰인 분이었다.

애초 의기양양함은 어디가고 이제 제약사 실무자와 사건을 어떻게 마무리할 것인지 고민됐다. 실무자를 만난 자리, 상대방 실무자도 고생하긴 마찬가지였다. 그 실무자에게 부탁했다. "그 회사 제품 종류별로 우리 의뢰인 아기가 쓸 수 있는 것으로 해서 보내 주시면 어떨까요" 상대방 실무자는 흔쾌히 승낙했고 더불어 요청하지도 않았는데 내게도 적지 않은 제품들을 보내 주었다.

한참 전 일이지만 사무실에서 방긋방긋 웃었던 아기 얼굴이 기억난다. 그 여성의 아기도, 우리 의뢰인 아기도 훌쩍 컸으리라.

이 모든 인연도 모두 운명이라 생각하며 오늘도 수많은 변호사들 중에 나를 찾는 모든 의뢰인의 사건을 나의 운명적사건으로 여기리라 다짐한다.

---

28 약식명령의 청구는 검사가 지방법원에 대하여 공소제기와 동시에 서면(書面)으로 하여야 하며, 약식명령을 할 수 있는 사건은 지방법원의 관할에 속한 벌금, 과료 또는 몰수에 처할 수 있는 사건이다.

따뜻한 법

어느 날 90대가 가까운 촌로(村老)와 얼굴이 검게 그을린 세 아들이 변호사 사무실을 찾아왔다. 그분들의 얘기를 요약하면 다음과 같다.

할아버지는 젊은 시절부터 작은 택시회사를 운영하면서 벌어들인 돈으로 서울 인근에 있는 땅을 매입하기 시작했다. 다만 회사에서 적지 않게 자동차 사고가 나서 매입한 땅을 자신이 아닌 큰아들의 명의로 계약했다. 이는 채권자들로부터의 집행을 피하기 위한 것도 있었지만 장자이니 할아버지로서는 모든 것을 맡기고 차후 가족을 책임지고 돌보라는 뜻도 있었다. 큰아들에 대한 기대가 커서 서울로 유학을 보내 주고 모든 것을 뒷바라지해 주었다. 그러나 큰아들은 기대와 달리 사고를 치기 일쑤였다고 한다.

반면 큰아들을 제외한 형제들은 아버지와 함께 농사를 지으면서 지냈는데 큰아들과 달리 제대로 교육받지도 못했다고 했다. 그 후 큰아들이 집을 나가면서 자신의 명의로 되어 있던 '땅문서'를 모조리 가져가기에 이르렀다. 한참 세월이 흘러 서울 인근에 신도시가 계획되었고 신도시예정구역에 포함된 큰아들 명의의 토지도 수용될 예정이어서 약 10억여 원의 보상금이 곧 지급될 예정이라는 것이었다.

할아버지는 자신과 다른 아들들의 가난을 이야기하며 큰아들이 뺏어간 땅을 반환받고 토지 보상금도 당신과 다른 작은아들들도 받게 해 달라고 눈물을 글썽이며 말씀하셨다.

우선 시급한 것은 보상예정 토지에 대해 나오는 보상금 지급금지가처분(假處分, 채권자: 할아버지, 채무자: 큰아들, 제3채무자: 국가) 신청이었다. 보상금이라는 돈은 지급되어 버리면 산일(散逸)되는 것이므로 본안소송(本案訴訟) 전에 큰아들에게 보상금이 지급되는 것을 정지시키는 것이 급했다.

상담을 마치자마자 급히 가처분 신청서를 제출하여 가처분 인용결정이 받아들여져서 돈을 묶어 두기는 했다(당시 해당 보상대상토지에 대한 처분금지가처분도 함께 신청하여 인용됐다).

그렇지만 본안소송에서 할아버지의 주장이 인용되어 질 것인지는 별개의 문제였다. 즉 할아버지가 자신의 돈을 이용해 큰아들의 이름으로 땅을 매입한 상태를 법률적으로 어떻게 해석해야 하느냐 하는 문제였다. 다시 말해 '아버지가 아들의 이름으로 토지를 매입한 행위'를 증여로 보게 된다면, 현재 큰아들의 소유이므로 아버지가 지금에 와서 아들에게 토지를 반환을 청구할 수 없다.

반면 아버지가 아들에게 단지 명의신탁(名義信託)을 한 것이라고 법원이 판단하면 이야기가 달라진다. 명의신탁은 부동산실권리자명의등기에 관한 법률에 의하여 무효이며 판례상 위 법 시행 전에 명의신탁 법률관계가 형성되었다면 여전히 명의신탁자(할아버지)가 명의수탁자(큰 아들)에게 토지 자체 내지 토지매입금반환을 청구할 수 있는 가능성이 없는 것이 아니었다.

다만 명의신탁의 관계가 인정되기 위해서는 단순히 명의만 수탁자(受託者)에게 있을 뿐, 실질적인 권리관계, 즉 세금을 신탁자(信託者)가 내거나, 등기권리증 등 관련 서류를 신탁자가 소지하는 등 실질적인 처분권을 여전히 명의신탁자가 가지고 있다는 점을 명의신탁을 주장하는 자가 입증해야 한다.

그러나 당시 사건은 명의신탁 입증에 필요한 자료가 불충분해 승소가 쉽지 않아 보였다. 하지만 도덕적으로 볼 때 작은 단칸방을 전전하는 동생들을 위해서 보상금의 일부도 양보하지 않는 큰아들은 너무나 '나쁜 장자'였다.

이런 소송에서 변호사는 법리적으로 패소 가능성이 있다 하여 지레 소송을 포기하면 안 된다. 더욱이 가족 간의 사건일 경우에는 조정(調停)의 여지도 많으므로 더욱더 그렇다.

드디어 첫 재판이 열렸는데 예상대로 판사는 "판결하지 않겠다. 당사자를 꼭 데리고 오라"라며 조정을 권고했다. 그 후 몇 번의 조정을 거쳤으나 원고와 피고 간 바라는 금액의 차이로 조정이 되지 않았다. 판사는 조정이 안 되면 판결을 할 수밖에 없다고 얘기했다. 오히려 더욱 완강한 할아버지의 태도로 초조한 것은 나였다. 판결로 가면 사실상 패소가 예상되었기 때문이었다. 조정에 지친 재판부도 다음 기일을 조정이 아닌 변론기일로 잡으면서 우리 측에 하는 말이 "이건 법리적으로 가면 증여입니다"라고 정중히 "판결 내용"을 고지하는 것이었다. 조정을 완강히 거부하는 우리 의뢰인에 대한 일종의 '경고'였다.

결국 나는 할아버지에게 몇 시간 동안 조정불수락(不受諾)으로 인한 여러 가지 경우의 수를 이야기하면서 조정에 어렵사리 도달했다. 다만 나는 재판부에 조정 문구상 합의된 금액 외에 큰아들이 할아버지에게 꼭 생활비를 매달 얼마씩 지급하는 내용을 넣어 달라고 요청했다.

당시 조정을 의뢰인에게 강권한 이유는 판결이 불리하게 나올 가능성이 높았고 일부 인정된다고 하더라도 상소절차를 거친다면 그 와중에 90대 노인이 건강을 해칠 수도 있었기 때문이다. 무엇보다 판결로 갔다면 부자는 더 이상 인연의 끈을 가지지 못하고 서로를 원망하며 살았을 것이다. 또한 생활비 지급을 매달 꼬박해야 하는 큰아들 입장에서는 좋든 싫든 아버지와의 인연을 계속 가져가야 하므로 나는 가족관계의 회복을 바라는 일말의 마음도 있었다.

내가 바라는 법은 일도양단(一刀兩斷)이 아닌 '따뜻한 법'이다. 법리적으로 쉽지 않던 사건을 끝까지 조정하기 위해서 힘써 준 당시 재판부에 감사드린다.

관련 판례(대법원 2008. 4. 24. 선고 2007다90883 판결) 요지

일반적으로 부동산의 소유자 명의만을 다른 사람에게 신탁하는 경우에 등기권리증과 같은 권리관계를 증명하는 서류는 실질적 소유자인 명의신탁자가 소지하는 것이 상례라 할 것이다.

그러므로 명의수탁자라고 지칭되는 자가 이러한 권리관계서류를 소지하고 있다면 그 소지 경위 등에 관하여 납득할 만한 설명이 없는 한 이는 명의신탁관계의 인정에 방해가 된다고 보지 않을 수 없다.

그리고 부동산에 관하여 그 소유자로 등기되어 있는 자는 적법한 절차와 원인에 의하여 소유권을 취득한 것으로 추정되므로 그 등기가 명의신탁에 기한 것이라는 사실은 이를 주장하는 자에게 입증책임이 있다고 할 것이다.

스폰서 아저씨의 결말

한 여자 분이 인터넷 상담을 통해 억울한 사연을 보내 와서 일단 사무실로 방문하라고 했다. 사무실에 상당한 미모의 20대 여자 분이 찾아왔다.

이야기인즉슨 자신은 60대의 사업을 하는 남성과 이른바 '스폰서 교제'를 하기로 했다고 한다. 그 남성은 자신에게 "유명한 아이스크림 가게를 차려 주겠다, 차를 사 주겠다, 1억 원을 주겠다"라고 하여 잠자리까지 같이 했단다. 그런데 별안간 그 남성이 연락을 끊어 버린 것이었다. 너무나 억울한 마음에 변호사를 찾게 되었다고 했다.

이런 내용의 상담이 처음이고 이른바 '스폰서 교제'라는 것을 들어 보긴 했지만 막상 어떻게 답변을 해야 할지 난감했다. 이러한 '스폰서 교제약정', 즉 잠자리를 가지는 것을 대가로 일정 금원을 지급하는 약정은 민법

제103조[29]에 의하여 무효이며 그 돈을 지급하지 않더라도 지급을 청구할 수가 없다는 점을 이야기했다. 그렇기에 그 남성을 상대로 1억 원의 약정금을 청구할 수는 없고 다만 민사상 정신적인 피해로 이유로 위자료 정도 청구할 수는 있다고 답변해 주었다.

그러나 그 여성분이 남성을 형사고소를 해 달라고 강력하게 요청해서 법적으로 그 남성이 어떤 죄에 해당하는지 고민할 수밖에 없었다. 어쨌거나 합의하에 성적 관계를 맺었으니 강간도 아니요, 결혼을 하겠노라 이야기도 없었으니 혼인빙자간음(물론 위헌결정이 나서 더 이상 처벌할 수도 없다)도 되지 않았다. 마지막으로 사기죄가 남는데 과연 위와 같은 행위가 사기가 되는지 고민됐다. 사기죄가 성립하려면 피해자로부터 재산상의 이익을 취해야 하는데 그 남성은 애초에 잠자리만 관심이 있었을 뿐 금원을 줄 마음은 없었으므로 여성을 기망한 것은 맞지만 과연 재산상 이익을 취했는지가 문제였다.

굳이 이 사건을 사기의 구성요건에 적용한다면 피해자에게 1억 원을 준다고 기망하여 '피해자와의 성행위' 내지 여성의 정조를 취한 것이었다. 다시 말해 피해자와의 성행위가 재산상의 이익인가가 문제였다.

그래서 그 여성분에게 일단 고소를 해 볼 수는 있으나 결과는 장담하지 못한다고 이야기하며 먼저 민사상의 합의 가능성 타진 여부가 우선이므로

---

29 제103조(반사회질서의 법률행위) 선량한 풍속 기타 사회질서에 위반한 사항을 내용으로 하는 법률행위는 무효로 한다.

내용증명을 보내는 것이 좋겠다고 이야기하였더니 그렇게 하겠다고 했다. 다만 내용증명을 보내려면 그 아저씨의 주소를 알아야 하는데 '주소를 아느냐'라고 물어봤더니 전화번호만 안다고 했다. 그래서 일단 주소를 알아보라고 하면서 상담을 마쳤는데 웬걸 며칠 후 당장 알아 오는 것이었다.

이에 따라 그 남성에게 위자료 상당의 금원을 지급하지 않으면 사기죄로 고소하겠다는 취지의 내용증명을 보냈더니 재미있게도 자신의 변호사라는 사람을 통해 바로 연락하는 게 아닌가. 수차례에 걸친 여성의 전화는 받지 않았으면서 고소한다고 하니까 냉큼 연락을 해 오는 것을 보니 매우 씁쓸했다.

상대방 변호사와의 지루한 협의 끝에 합의는 무산되었고 결국 고소장을 제출하였는데 기소가 될지 여부는 미지수였다. 그 후 경찰에서의 피해자 진술 등을 거쳐 결국 그 남성은 기소가 되었고 여성은 법정에서 피해자 진술 또한 마쳤으며 결국 유죄 판결이 선고됐다.

판결문을 보니, 대략의 범죄사실 요지는 "1억 원을 주겠다고 기망을 하고 서너 차례 잠자리를 하여 1억 원 상당의 재산상의 이익을 취득한 것"이라는 것이다.

다만 그 남성은 다른 사기 사건으로 함께 기소돼 위 사건과 병합되어 상당한 기간의 징역형을 선고받았다. 피해자 또래의 딸을 둔 아저씨는 지금 교도소에서 많이 반성하고 있을까.

어느 성폭력 사건에 대한 법정스케치

2017년 7월경 대법원은 형부의 성폭행으로 낳은 3살 난 아들을 숨지게 한 혐의로 기소된 20대 지적 장애 여성에게 징역 4년 형을, 또 이 여성을 성폭행하고 아들을 학대한 혐의로 기소된 50대 형부에게도 징역 8년 6개월 형을 확정했다. 이 여성은 어린아이의 생명을 앗아 간 중범죄자이나 한편으로는 지속적인 성폭행의 피해자이기에 연민이 가는 것도 사실이다.

이에 어느 성폭행 사건을 접하면서 느꼈던 것들을 풀어내고자 한다. 피해자와 가해자가 모두 외국인이었던 독특한 성폭행 사건에 관여한 적이 있다. '관여'라는 표현을 쓴 이유는 내가 피고인의 변호인도 검사도 아닌 피해자의 조력자 역할을 했기 때문이다. 나는 어느 외국인 상담소를 찾아온 여성의 요청을 받고 피해자 증인 신문에 동석하게 됐다. 증인 신문은 성폭행 사건의 특성상 재판정 방청석에 아무도 있을 수 없는 비공개 신문으로 진행됐다.

당시 비공개 신문이었으므로 재판장이 방청석에 혼자 앉아 있는 나를 보고 '누구냐'라고 물어보아 외국인 상담소에서 자원봉사를 하고 있는 변호사이고 피해자의 요청 하에 동석하였다고 하니 별다른 언급이 없었다. 일종의 형사소송법상 신뢰 관계에 있는 자의 동석 신청에 대한 재판부의 현장 허가인 셈이었다. 관련 법령상 신뢰 관계에 있는 자의 동석은 일정한 사유가 있을 때 피해자 등의 신청에 따라 이루어지는데 그 신청에는 동석하고자 하는 자와 피해자 사이의 관계, 동석이 필요한 사유 등을 명시해야 한다.

성범죄 사건의 경우 피고인과 피해자에 관한 재판을 철저히 따로 분리하여 진행한다. 이에 이 사건의 증인신문 전 재판부는 피고인의 재정(在廷) 시에 법정과 연결된 증인대기실에서 피해자와 나를 머무르게 했다. 그 대기실은 마치 어린이집처럼 벽면이 알록달록 꽃모양 색지로 예쁘게 꾸며져 있었다. '아동 성범죄 사건이 많구나' 하는 생각이 순간 머리를 스치며 씁쓸한 생각이 들었다.

피고인이 퇴정하자 피해자에 대한 증인신문이 진행됐다. 그런데 재판장, 배석 판사, 검사, 법원 직원, 피고인의 변호사, 심지어 통역인까지 모두 남자였다. 거기다 피고인 측 변호인의 연이은 증인신문 내용은 피해자의 입장에서 매우 난처하고 민망한 질문투성이에다가 일부 내용은 황당하기까지 했다.

신문 도중 재판장은 변호인의 일부 질문 내용이 부적절하여 제지하기도 했는데 아무리 피고인을 위한 변론이라도 너무하다 싶은 부분이 적지 않았다. 그러나 피해자는 그러한 상황에 주눅 들지 않고 조목조목 이야기했다.

그러던 중 피고인 측 변호인이 피해자에게 집요하게 특정 상황을 물어보았고 통역인이 그 내용을 전달하고 피해자가 답변을 머뭇거리자 통역인이 갑자기 피해자에게 "ask your lawyer"라고 했다. 이에 내가 영어로 피해자에게 부연설명을 했더니, 재판장이 퉁명스럽게 재판의 진행을 방해하니 재판정에서 나가게 할 수도 있다고 하였다.

물론 형사소송법 관련 규정에는 재판장은 피해자와 신뢰관계 있는 자로 동석한 자가 부당하게 재판의 진행을 방해하는 때에는 동석을 중지시킬 수 있으나 나의 당시 몇 마디는 부당하게 재판의 진행을 방해한 것이 아니었고, 부적절한 질문에 당황한 피해자를 조력하는 수준의 것이었다. 일면 갑자기 나에게 물어보라고 한 통역인이 원망스럽기도 했지만 가만히 있으면 그게 무슨 조력자인가. 형사소송법 규칙에는 동석자를 피해자의 배우자 등과 변호사, 그 밖에 피해자의 심리적 안정과 원활한 의사소통에 도움을 줄 수 있는 사람으로 규정하고 있는데 당시 나의 조력은 원활한 의사소통을 위한 것이었다고 지금도 믿는다.

돌이켜 보면 이 사건에 관한 사법행정 처리에 아쉬움이 남는다. 당시 증인신문 때 피해자를 제외하고 모두 남자였으니 최소한 통역인이라도 여자였다면 어떠했을까. 남자들로 둘러싸여 자신의 수치스러운 기억을 토해낸다는 것이 여간 곤욕이 아니었으리라. 또한 형사사건 절차 중 피고인 측의 부적절한 질문 내지 공격에 대해서 공판검사가 놓칠 수 있는 부분에 대해서 피해자의 변호인이 적극적으로 반박할 수 있는 기회를 부여해야 하지 않을까 하는 생각이 든다. 이러한 의미에서 수년 전에 도입된 '피해자 국선변호사(피해자변호인)[30]의 역할이 더욱더 확대되어야 할 것이다.

---

30 성폭력·아동학대 범죄 피해자를 위해 국가에서 선정하는 국선변호사로, 사건 발생 초기부터 수사, 재판에 이르는 전 과정에서 피해자를 위한 전문적인 법률지원을 한다.

사법시험 외전

2017년 말 마지막 사법시험 발표가 있었다. 합격자에게는 축하의 말씀을 해 주고 싶지만 더 이상 응시 기회가 없어져 버린 분들에 대해서 한 사람 한 사람 만나 토닥여 주면서 위로해 주고 싶다. 불현듯 나의 수험생활이 생각났고 과락의 공포에서 항상 나를 괴롭히던 민법 과목이 떠오른다. 나는 처음 사법시험 1차 합격 이후 다음 해에 본 2차 시험에서 민법 과목을 과락받았다.

그래서 어렵게 인터넷 검색을 통해 찾아낸 사법시험 제45회(나는 이 때 합격했다) 민법 제2차 시험 1문. 사실 아래 문제를 봐도 도저히 기억조차 나지 않는데 다만 당시 기억에서 선명한 건 '아! 왜 이렇게 등장인물이 많나' 하는 당혹감이었다.

'A는 B로부터 1억 원을 차용하면서 그 담보로 B에게 자기 소유의 주택에 관하여 저당권을 설정해 주었다. A는 그 상태에서 위 주택을 C에게 보증금 1억 원, 차임 월 200만 원, 기간 2년으로 정하여 임대하면서, 위 주택을 사용에 적합한 상태로 유지하는 것은 이를 C의 부담으로 하기로 약정한 다음, C로부터 위 보증금을 수령하고 위 주택을 C에게 인도하였다.

그 후 A는 위 주택을 D에게 5억 원에 매도하였는데,

(중략)

C는 위 임대차기간 중 위 주택의 사용에 문제가 생기자 주택수리업자인 E에게 그 수리를 맡겼는데 E가 위 주택을 수리하던 중 그의 잘못으로 화재가 발생하여 위 주택이 멸실되었다.

이 경우 A, B, C, D, E 사이의 법률관계를 논하시오. (50점)'

제2문. 다음에 대하여 논술하시오.
가. 상계(相計)의 요건 (30점)
나. A 소유 금전의 점유를 B가 침탈한 경우 A와 B 사이의 법률관계 (20점)

저렇게 사례문제가 복잡하게 나왔으니 당시 나는 단문(短文)인 제2문부터 일단 써 보자는 생각이 들었다.

다행히 상계[31]는 우연히도 점심시간 화장실에서 본 문제라 일사천리(一瀉千里)로 단문 '가.' 문제에 대한 답을 쓰고 '나.' 문제도 어찌어찌 썼다. '나.' 문제를 어떻게 썼는지 지금은 기억나지 않지만 이 문제는 '주먹이 법보다 가깝다', 즉 자력구제권 행사[32]가 '실무상' 가장 정답에 가까울 것 같다.

돈을 빼앗겼으면 자력구제권 즉 바로 쫓아가서 뺏어야 한다. 나중에 소송을 통해 상대방에게 채권적 청구권[33]이나 물권적 청구권[34]을 행사하게 된다면 돈을 빼앗아 간 상대방을 특정조차 못하거나 누군지 특정되더라도 그 상대방이 자력이 없으면 판결을 얻더라도 집행조차 되지 않기 때문이다.

어쨌든 다시 사례문제를 풀기 시작했는데 다시 그 순간에도 생각났던 건 '등장인물이 참으로 많구나'뿐이었다. 그래도 후들거리는 필기구를 부여잡으며 꾸역꾸역 결론까지 썼다. 나중에 발표 후 민법 점수를 확인하니 과락을 살짝 면한 점수였다. 참으로 감사한 일이었다.

---

31 채권자와 채무자가 서로 동종의 채권·채무를 가지는 경우에 채무자의 일방적 의사표시에 의하여 그 채권·채무를 대등액에서 소멸시키는 것을 의미한다.

32 제209조(자력구제) ① 점유자는 그 점유를 부정히 침탈 또는 방해하는 행위에 대하여 자력으로써 이를 방위할 수 있다. ② 점유물이 침탈되었을 경우에 부동산일 때에는 점유자는 침탈 후 직시 가해자를 배제하여 이를 탈환할 수 있고 동산일 때에는 점유자는 현장에서 또는 추적하여 가해자로부터 이를 탈환할 수 있다.

33 내 돈이 줄어들고 상대의 돈이 부당하게 늘어났다는 이유로 부당이득 청구권 내지 부당한 방법으로 내 돈을 가져갔으므로 불법행위로 인한 손해배상청구권을 의미한다.

34 내 소유의 돈이니 반환해 달라는 청구권을 의미한다.

이러니 마치 남자들이 군대에 다시 가는 꿈을 꾸듯 사법연수원을 다니면서도 그리고 그 이후 변호사가 되고 나서도 한참 사법시험에 관련된 꿈을 줄기차게 꾸었다. 어떤 변호사는 너무 이런 꿈을 많이 꾸자 '합격증을 옆에 두고 잔다'라는 웃지 못할 이야기도 들었다. 그런데 신기하게도 실제로 사법시험이 폐지되자 더 이상 그와 같은 꿈을 꾸지 않고 있다.

그 일련의 꿈 이야기를 좀 더 자세하게 이야기해 보겠다. 그 꿈은 그냥 시험에 떨어져서 괴로워하는 단순한 상황이 아니라 상당히 디테일하고 마치 어릴 때 무섭게 본 나이트메어 시리즈물처럼 그 내용도 연속해서 바뀌었다. 그 대략적인 꿈의 구도는 위에서 이야기한 것처럼 민법 면과락 경험과 연결되어 있다. 약간씩은 다르지만 꿈의 큰 줄기는 다음과 같은 내용이다.

꿈속에는 합격자 공고에 사실은 아주 작은 글씨로 '민법을 면과락(免科落)[35]하는 자들은 그 합격의 유효기간이 5년(꿈에서는 그 유효 기간이 수시로 변한다. 그러니 미칠 노릇이다)이니 사법시험을 다시 봐야 한다'라는 내용이 나온다.

그러나 사법시험 합격자 발표명단에 수험번호와 이름이 쭉 기재되어 있을 뿐 명단공고에는 위와 같은 내용이 기재되어 있을 리 만무하다. 그런데 꿈속의 공고상 작은 글씨에는 합격의 유효기간이 지났으므로 나를 과락으

---

35 科落, 어느 한 과목에서 40점 미만을 맞아 과락으로 처리된 경우, 다른 과목에서 아무리 좋은 점수를 얻었다고 해서 불합격처리 되는 제도이다.

로 괴롭힌 2차부터 시험을 다시 보라는 것이다.

그러다가 꿈에서 '공고에 아주 작은 글씨로 써 놔서 아무도 문제 삼지 않고 과천정부청사(당시 실제 사법시험 3차 면접을 보러 간 장소이기도 하다)의 법무부 직원들도 나에게 시험을 다시 보라고 하지 않으니 나도 그냥 모른 척하고 있자'라고 생각하다가 불현듯 시험을 다시 보라는 법무부 직원 전화에 화들짝 놀라 잠을 깨기를 몇 번이었다. 그때 깨지 않고 좀 더 꿈을 더 이어 나가면 내가 수험기간 중 대부분의 시간을 보낸 학교 고시원이 나온다. 문제는 그 학교 고시원에는 아는 후배조차 없다는 것이다. 물론 내가 가장 고학번이다. 후배들은 '웬 노친네가 와서 다시 공부하냐'라고 키득거리고 있다. '아 어떡하지' 하다가 잠에서 깬다.

그런데 문제는 최근에 사법시험 꿈이 학력고사 꿈으로 바뀌었다는 것이다. 학력고사는 좀 복잡한데 어쨌든 난 J 학원에서 재수를 했다. 최근에 꾼 꿈은 재수를 하고 있으면서 괴로워했는데 먼저 대학교 시험에 붙은 친구가 난 무슨 대학교 다닌다고 자랑하는 게 아니라 '법무법인 H'에 다니고 있다고 자랑하는 것이 아닌가. 그 꿈 기준으로 그 친구는 대학교 1학년인데 H에 다니고 있을 리가 만무하다. 법무법인 H가 그때 있지도 않았다.

꿈속에서조차 '거참 황당하다'라고 생각하다가 깬 기억이 있다. 자고로 시험에서 자꾸 떨어지면 안 된다. 다음은 이러한 내용을 바탕으로 한 신문에 기고한 내용이다.

마지막 사법시험과 합격기

《메트로신문》, 2017. 10. 19.)

며칠 전 마지막 사법시험 2차 발표가 있었다. 무엇보다 더 이상 응시의 기회가 없어져 버린 분들에 대해서 한분 한분 만나 토닥여 주면서 위로를 드리고 싶은 마음이다. 필자 또한 참으로 힘든 수험기간을 거쳤다. 처음 1차 시험은 군 제대 후 약 8개월 만에 1개 차이로 붙었다. 붙은 것까지는 좋았지만 1차를 너무 빨리 붙는 바람에 2차 시험 공부는 모래성 위를 걷는 것 같았다. 살도 많이 빠지고 정신적으로도 많이 황폐했는데 2차 시험 기간 내내 시험에 떨어질 것 같다는 불안감에 항상 짓눌려 있었다.

2차가 치러지는 나흘 내내 잠도 제대로 못 자고 둘째 날 민소법을 망쳐서 과락의 공포가 마지막까지 나를 짓눌렀다. 발표 후 결과를 보니 민소법은 그나마 점수가 괜찮았고 같은 날 치르는 민법에서 과락이 나왔다.

발표일이 다가왔지만 명단엔 역시 내 이름이 없었다. 다시 공부를 해야 하나. 주위 모든 사람들이 시험을 한 번 더 보라고 했지만 할 수 없었다. 당시에는 그저 고통스러웠던 경험을 다시는 하고 싶지 않다는 생각뿐이었다.

그런 혼란스러운 상태를 뒤로 한 채 한국은행 시험에 합격해서 처음으로 사회생활을 시작하게 되었다. 되도록 사법시험과 관련되는 이야기는 관심 밖에 두려 했고 다행히도 대한민국의 인재가 다 모였다고 할 정도로 훌륭한 동기들과의 연수생활도 너무나 뜻깊었으며 새로운 사회경험은 이

전에 내가 느껴 보지 못한 해방감을 주었다. 다만 그러한 생활들이 반복이 되니, 무엇을 위해서 살고 어떻게 살고 싶은지 다시금 깊은 고민에 빠지게 되었고 결국엔 그렇게 하고 싶지 않던 사법시험 공부가 다시 하고 싶어지는 것이었다.

그 후 나의 고시생활은 다시 시작되었는데 얼마 안 되어 또 한 문제 차이로 1차 시험에 합격하였다. 이제 2차 시험이 남아 있었다. 다시 민법시험이다. 당시 사법시험 2차는 실제 사례를 묻는 사례 문제와 단문 문제로 이루어져 있는데 통상 사례 문제에서 당사자가 많아도 3명 정도인데 그 해 따라 5명이나 등장한 것이었다. 법률관계가 얽히고설켜서 도저히 답안 얼개가 나오지 않았다. 이에 우선 단문 문제를 쓰기 시작했는데 공교롭게도 점심시간 때 읽어 본 예상 문제였다. 일사천리로 단문을 쓰고 난 후 후들거리는 필기구를 부여잡고 사례문제까지 꾸역꾸역 쓴 기억은 아직도 잊을 수 없다. 합격자 발표 날, 아는 후배로부터 축하전화가 왔다. 감사하고 또 감사했다.

생각해 보면, 두 번이나 1차를 한 문제 차이로 붙었고 그렇게 과락의 공포로 나를 짓눌렀던 민법 과목에서도 시험 직전 본 문제가 단문으로 출제되었으니 과연 운칠기삼(運七技三)이 맞는 말인가 하겠다.

이로 인해 나는 변호사 업무가 문득문득 힘들 때도 많지만 낮은 자세로 항상 감사한 마음을 가지려 노력한다. 이번 마지막 사법시험에 합격한 분들에게도 항상 초심을 잃지 말라는 말씀을 전하며 다시 한번 축하의 말씀을 드리고 싶다.

만감이 교차하는 '계약금'

앞서 언급했듯 사법시험 2차 민법에서 과락을 받은 적이 있다. 해당 민법 단문 주제 중에 하나가 '계약금'이었다.

기억을 거슬러 올라가 보면, 아주 어린 시절 난생 처음 엄청나게 크고 비싼 아이스크림을 먹은 적이 있었는데 당시 할머니께 "이거 누가 사 주었어요?"라고 물었더니 할머니께서 "우리 집을 사려고 했던 사람이 마음이 바뀌어 집 사려고 준 돈을 돌려 달라고 하면서 아이스크림을 한 통 사 왔단다"라고 하신 기억이 난다. 결국 우리 집 사람들은 계약금 몰취(沒取) 대신에 아이스크림을 받은 것이었다.

사실 부동산계약에 있어 '계약금'은 법리적으로도 쉽지 않은 문제이고 실제 소송사건에서 계약금의 성격과 관련해 치열한 공방을 해 본 적도 있어서 계약금 이슈가 나오면 여전히 긴장한다.

이에 아예 부동산계약과 관련되어 1장짜리에다가 깨알같이 특약사항을 본문내용 테두리 선 밖에(그것도 세로로) 적어 놓은 당시 계약서를 검토하다가 이와 같은 부동산거래 관행을 고쳐야 한다는 제목으로 언론사에 기고를 하였다. 참고로 계약서 문구에 '위약(違約)'이라는 단어가 있느냐 없느냐는 실제 소송에서 천양지차(天壤之差)이다.

부동산 거래관행 고쳐야

《파이낸셜뉴스》, 2014. 3. 18.)

부동산 거래 현장에서는 보통 1억 원이 넘는 상당한 금원이 지급됨에도 불구하고 여전히 전형적인 부동문자가 찍힌 한 장짜리 계약서가 작성된다. 부동산중개소에서 이런 계약서를 사용하니 거래계약 당사자도 어쩔 수 없이 비슷한 계약서를 아무런 생각 없이 사용하는 듯하다. 더욱이 실제 분쟁이 돼 증거로 가져오는 계약서를 보면 부동문자(不動文字)[36]가 적혀 있는 난에 특약이면서 깨알같이 빡빡하게 적는 것도 부족해 테두리 밖에 세로로 길게 적어 내려쓴 계약서를 보면 혀를 내두르게 된다. 최소한 억 단위의 계약서치고는 너무나 허술하고 조잡해 보인다.

---

36   이미 인쇄된 문자를 지칭한다.

부동문자가 있다 하더라도 이를 오해하는 사람도 적지 않다. 예를 들어 계약 해제조항에는 '매수인은 매도인에게 중도금을 지급하기 전까지 매도인은 계약금의 배액을 상환하고 매수인은 계약금을 포기하고 계약을 해제할 수 있다'라고 돼 있는데 통상적으로 일반인은 매수인이 약정된 잔금을 지급하지 않을 경우 매도인은 계약 해제를 통보하고 자신이 매수인으로부터 이미 수령한 계약금을 당연히 매도인에게 귀속시킬 수 있다고 생각하는 경향이 있다.

그러나 이는 단단히 잘못 알고 있는 것이다. 매매계약을 체결함에 있어 계약금이 수수된 경우 계약금은 해약금의 성질을 가지고 있다. 따라서 이를 위약금(違約金)으로 하기로 하는 특약이 없는 이상, 계약이 당사자 일방의 귀책사유로 해제됐다 하더라도 위약자의 상대방은 위약자에게 계약 불이행으로 입은 실제 손해만 배상받을 수 있을 뿐 그 계약금이 위약자 상대방에게 당연히 귀속되는 것은 아니다. 다시 말해 위와 같은 계약금 규정은 중도금을 지급하기 전에 매도인 또는 매수인은 위와 같은 조건으로 해약할 수 있다는 의미일 뿐 만약 매수인이 잔금 등을 제때 지급하지 않는 등의 위약사항이 있어서 매도인이 계약을 해제하더라도 당연히 그 계약금은 자신의 것이 되는 것이 아니라 매수인의 위약에 따른 실제 손해를 입증해서 그 손해배상을 청구할 수밖에 없는 것이다.

만약 이를 입증할 수 있다면 위 계약금을 훨씬 상회할 수도 있는 실제 손해액을 받을 수도 있지만 실제 소송에서 손해를 입증하기란 여간 곤란한 것이 아니다. 따라서 계약금이 매도인에게 귀속되기 위해서는 계약 해제조항과는 별도로 위약금 조항을 두어 '매도인이 위약 시 계약금으로 받은 금액의 2배를 매수인으로 주기로 하고 매수인이 위약 시 계약금을 매도인에게 귀속한다'라는 규정을 명시적으로 둬야 한다. 이렇듯 부동문자 하나로 억 단위 돈을 손해 볼 수도 있고 실제 사례에서도 허술한 부동문자 때문에 낭패를 보는 경우가 상당수다.

과연 계약서 1장으로 당사자의 생각과 요구를 모두 반영하기에는 무리가 있다는 생각이다. 당시에 상대방으로부터 아무리 확약을 받고 설명을 했다 하더라도 남는 것은 기록이요, 문서다. 결국 분쟁이 생기더라도 그 문서만으로 해결될 뿐 '증언해 줄 사람 깔려 있다'는 말은 아무런 소용이 없는 것이다.

요즘은 각종 계약서에 대해 표준서식을 제공하는 곳이 적지 않다. 가령 대한법률구조공단이나 서울중앙지방법원 홈페이지에는 모든 것을 망라하지는 못하지만 다양한 법률서식을 제공하고 있다. 이러한 후진적인 부동산 거래 관행을 고치기 위해서는 거래 당사자는 단순한 거래계약뿐만 아니라 복잡한 계약의 경우 법률전문가의 자문을 거치는 것이 필요해 보인다.

그런 사람은 절대 변호하지 말거라

2019년 SBS 시사프로그램 〈그것이 알고 싶다〉에서 고(故) 김성재 관련 방송내용에 대해서 법원의 방송금지가처분 결정이 나왔다는 뉴스를 접하고 나니 예전에 내가 수행하려고 했던 SBS 방송정지가처분 사건이 생각난다. '수행하려고 했던'이라고 쓴 건 결론적으로는 의뢰인이 요청하였던 방송금지가처분신청을 준비하는 과정에 방송이 되어 버렸기 때문이었다.

어느 방송의 대략적 내용은 다음과 같았다.

방송국의 주장에 의하면, 지방 거주 의뢰인이 한 정신 박약한 모자(母子)를 데리고 있으면서 노예처럼 일을 시키고 국가에서 모자 앞으로 나오는 보조금도 중간에서 가로챘다는 것이었다. 그뿐만 아니라 그 모자가 사는 집은 위생이라고는 전혀 생각할 수 없을 정도로 열악했으며 모자가 당시 집에 보관하고 있었던 음식은 사람이 먹을 음식인지 여부가 가늠이 되지 않을 정도로 비위생적이었다는 것이었다.

따라서 의뢰인은 해당 방송이 나가지 않게 해 달라고 하면서 당시 소속 변호사 사무실의 파트너 변호사를 찾아왔는데 그 사건이 나에게 배당됐다.

의뢰인과 이런저런 얘기를 나누면서 나는 별다른 감정을 갖지 않고 방송정지가처분 신청을 준비하면서 위 공중파 방송의 담당 피디와 통화하려고 했으나 그게 쉽지 않았다. 당시 해당 방송 홈페이지에도 해당 방송이 언제 방송되는지 예고되지 않았다.

어쨌거나 상담 직후 밤을 꼬박 새워 해당 방송내용의 정지가처분을 준비하고 신청서를 법원에 제출했는데 웬걸 가처분신청서를 넣은 직후 바로 방송이 된 것이었다. 사실 가처분의 경우 가처분신청서를 제출하면 법원이 신속하게 심문기일이 잡고 방송정지가처분에 대한 판사의 결정이 있어야 방송여부에 대하여 결정이 된다. 그런데 당시 잡힌 심문기일 전에 이미 방송이 되어 버렸으니 위 가처분신청이 이른바 '소송의 실익'이 없는 것이 되었다. 따라서 나는 어쩔 수 없이 제기한 가처분신청을 취하했다.

문제는 방송의 내용이었다. 의뢰인이 자신의 예전 집에 수년 전부터 정신박약의 모자를 기거하게 했는데 방송에 찍힌 모자가 기거하는 집은 외견적으로 엉망이었다. 그런데다가 부엌에 있는 음식들은 썩은 냄새가 진동하고 오래되어서 곰팡이가 넘쳤다. 더욱이 의뢰인이 모자에게 나오는 생활보조금 등을 중간에서 가로챘다는 식이었다. 거기에다 지적 장애가 있는 모자를 관리할 책임이 있는 관할 지자체의 당시 장은 국민적 공분을 일으킬 만한 다른 잘못을 하여 방송게시판에는 의뢰인뿐만 아니라 해당 지자체에 대해서도 온통 욕으로 도배되어 있었다.

방송을 보고 나서 우연히 어머니와 통화를 하게 되었고 겸사겸사 해당 사건을 얘기했는데, 그 사건의 변호를 맡게 되었다고 하니 당신께서 하시는 말씀이 "나도 그 방송을 보았다. 그런 사람은 절대 변호하지 말라"라고 하시는 것이었다.

어머니의 그런 말씀을 들으니 기분이 착잡했다. '아…. 이 사람을 변호해야 하나' 실제로도 나쁜 사람일 수 있다. 그러나 변호사는 감정을 배제한 채 이 사람이 나쁜 사람인지 여부가 아니라 '법적으로 나쁜 사람'인지, 즉 죄가 있는지 여부에 대하여 방어를 해야 한다. 범죄혐의가 인정되더라도 그 범죄에 이르게 된 동기, 정상 참작의 정황은 없는지 살펴보아야 하는 것이다.

어쨌거나 모자를 사실상 데리고 있었던 의뢰인은 모자를 유기, 학대하였고 보조금을 횡령하였다는 혐의에 대하여 형사적으로 고발을 당한 상태였다. 따라서 나는 유기죄 및 횡령죄에 대한 방어방법을 강구해야 했다.

쟁점은 다음과 같았다. 유기죄(형법 271조 1항)는 '노유(老幼) · 질병 기타 사유로 부조(扶助)를 요하는 자를 보호할 법률상 · 계약상의 의무 있는 자가 유기함으로써 성립'한다. 그런데 이 사건에는 모자가 정신지체가 있었으므로 질병으로 인해 부조, 즉 도움을 요하는 상태에 있는 것은 확실하다. 그런데 '1. 과연 의뢰인이 모자를 보호할 법률상, 계약상 의무가 있는지 여부', '2. 유기하였는지 여부'가 문제되며 유기죄가 성립하기 위해서는 두 가지 요건을 모두 충족하여야 한다. 결국 우리 형법상 유기죄는 단순히 도덕상 보호관계에서는 보호 의무를 부여하지 않고 '법률상, 계약상 의무'가 있음에도 불구하고 그 의무를 다하지 않아야 유기죄가 성립하는 것이다.

사실관계는 이랬다. 의뢰인의 이미 돌아가신 아버지는 모(母)가 마을을 떠돌아다니는 중 연민을 느껴 자신의 집에 거주하게 해 주었고 그 모가 또 다른 정신박약의 남자와 결혼하여 아이를 낳았는데 그 아이가 이 사건의 자(子)이었다.

안타깝게도 이 청년 역시 정신지체인 채로 태어난 것이었다. 다만 그 남편은 그 후 행방불명되었고 의뢰인의 아버지는 그 아이가 가여워 의뢰인의 동생으로 호적에 입적시켜 같이 살았던 것이다. 세월이 흘러서 아버지가 돌아가시자 의뢰인은 애초 집과 분가하여 다른 곳에서 살게 되었고 위 모자가 그 아버지가 살던 곳에 두 사람만 이제 거주하게 된 것이었다. 아버지와 달리 의뢰인은 모자에 대하여 크게 관심을 가지지 않았다.

결국 의뢰인은 모자 중 모와는 아무런 법적 관계가 없고 자와는 호적상의 형제관계이지만 민법상으로는 동거하지 않는 한, 친족 간의 보호 의무도 없는 것이다. 또한 계약상의 의무도 생각할 수 없다. 즉 유기죄가 성립하기 위한 법률상, 계약상 의무가 없는 것이었다.

결국 의뢰인은 도덕적 측면에서는 아버지 대부터 인연을 맺어 왔던 모자를 돌보아야 할 수도 있겠지만 형사적으로는 유기죄가 성립하기 위한 보호의무가 없으므로 유기죄가 성립될 수 없는 것이다. 그렇다면 과연 법률상의 보호 의무는 이 경우 누가 부담하는가?

관련 법에 의하면 지방자치단체의 장에게 보호의무가 있다. 그 장은 피보호의무자의 실태를 파악하고 그들을 보호할 의무가 있는 것이다. 다만 의뢰인이 자신의 집에 모자를 기거하게 함으로써 그러한 보호 의무를 자치단체로부터 사실상 인수한 것이 아니냐 하는 것이 검사와 나, 즉 변호사의 공방이었다. 이에 장문의 변호사의견서를 통해 유기죄의 구성요건의 엄격성, 사실상의 보호의무 인수의 부당성을 대해서 언급하고 피의자의 무혐의를 주장했다. 결국 이 사건은 횡령을 포함해 유기죄, 학대죄 모두 무혐의로 결론이 났다.

방송국 게시판에 사형을 받아야 한다고 들끓었던 의뢰인이 무혐의결정을 받은 것이다. 그 후 얘기를 들어 보니 모자는 국가가 보호하는 기관에 위탁되었다고 한다.

2019년을 떠들썩하게 하게 한, 전(前) 남편을 끔찍하게 살인한 어느 사건에서 애초 선임된 변호사가 따가운 여론의 눈총을 이기지 못하고 사임하였고 그 이후 선임된 변호사도 도매금(都賣金)으로 욕을 먹고 있다고 하는데 사건에 대한 대중의 분노를 이해 못할 바는 아니나 변호사의 역할에 대해서 조금 더 이해해 주었으면 하는 마음을 이 글 말미에 부연해 본다.

변호사생활 외전

고시생활을 포함하여 변호사생활을 하면서 틈틈이 기록한 이런저런 에피소드를 기재해 보았다.

◇ 변호사에게도 머피의 법칙이 있을까

- 민사항소심의 경우

상대방이 1심에서 이겨 우리 의뢰인 측이 항소한 사건의 항소심 첫 번째 변론기일 스케치이다.

재판장: 더 할 거 없으시죠. 변론 종결하겠습니다.

나: 이러이러한 증거방법[37] 신청했는데 받아 주시길 바랍니다.

재판장: 굳이 필요한 것 같지 않은데요. 법률적 판단 문제만 남아 있는 것 같습니다. 선고기일은….

이 경우 거의 대부분 항소기각인 경우가 많다. 변호사로서는 이런 경우가 매우 난감하다. 변호사 입장에서는 다시 한번 열심히 다퉈 원심결과를 바꾸어 보고 싶은데 변론기일도 한 번만 진행되어 선고가 되고 결과마저 좋지 않으면 의뢰인에게도 컴플레인 받기 십상이다.

반면 1심에서 우리 측이 어렵사리 이겨 상대방이 항소한 사건 첫 번째 변론기일 스케치이다.

상대방: 항소이유가 이렇고 이러이러한 증거신청 하였으니 다 받아 주시길 바랍니다.

재판장: 원심 판결 중 이러이러한 부분은 좀 더 따져 봐야겠습니다. 상대방이 신청한 증거방법 다 채택하겠습니다.

---

37   증인신청 혹은 사실조회신청 등을 의미

참으로 열심히 1심에서 이겼더니 항소심에서 기존 1심에서 대리했던 변호사 혹은 새롭게 선임된 변호사가 기존 주장을 반복하지 않고 새로운 주장을 하면서 이런저런 증거신청을 하는 경우에 재판부에서 그 증거신청을 모두 채택하는 경우, 혹시나 우리 측이 알지 못한 상대방에게 유리한 사실관계가 추가로 나올지 노심초사하게 된다. 항소심의 경우 항소이유의 사실적, 법리적 구성도 중요하지만 그만큼 새로운 증거방법의 모색과 제출, 무엇보다 그 증거신청을 재판부에서 채택하도록 노력하는 것이 중요하다.

◇ 2989년생? 변호사

신입 소속변호사를 모집하면서 수많은 지원서를 받았다. 그중 지원서상의 생년월일을 '2989년'(1989년생의 오타)생으로 기재한 지원자가 있었다. 9백여 년 지나서 태어날 분이 어떻게 지원했을까. 누구를 잡으러 과거로 온 터미네이터인가.

개인적으로 어떤 종류의 서면이라도 오타(誤打)를 매우 싫어하지만 이분은 내가 진행하는 사건의 모든 향후 소송경과와 승패(〈백투더퓨처〉에서 미래의 비프(Biff)가 과거의 비프에게 1950년 이후의 모든 스포츠 결과를 기재하고 있는 연감(ALMANAC)을 건네주는 것처럼 말이다.)를 알고 있을 것 같아 한번 면접에 불러 볼까 했다.

◇ 법무법인 이성우

법정에 늦게 도착하자마자 재판부에 호명되어 재판장이 "법무법인 대호에서 누가 나오셨지요"라고 한다. 급한 마음에 '법무법인 대호의 이성우 변호사입니다'라고 할 것을 "법무법인 이성우의 이…"라고 하다가 고개를 절레절레 흔들고는 "법무법인 대호의 이성우 변호사입니다"라고 했다.

생각해 보니 나중에 법무법인 이름을 그리 지어도 안 될 것은 없을 것 같다. 다만 최근에 보면 법무법인 내지 법률사무소 이름에 외자가 많다. 그래서 나름 법무법인 이름을 조어(造語)해 보았다. '법무법인 가'라고 하면 변호사 명부상 제일 먼저 기재되어 있기는 하겠으나, 변호사 명부 순서대로 사건을 맡길 리 만무한 데다 의뢰인 보고 "가!"라고 하는 것 같아 어감이 좋지 않다.

변호사 숫자가 매년 폭발적으로 많아지는 현실에서 100년 후에는 모든 외자가 선점되어 나중에는 자음 하나로 조어되는 경우도 생길 것 같다. 예컨대 '법무법인 ㅋ'처럼 말이다. 현재 가장 있어 보이는 외자는 '법무법인 Z'(아재들의 외화 드라마 〈전격 Z 작전〉이 생각남)인 듯하다.

◇ 이혼전문변호사의 고충

어느 이혼전문변호사의 고충이다. 이혼사건 의뢰인은 자신에게 한 번 위임하여 소송한 분이 다시 찾아오는 경우는 없다. 두 번째 이혼위기는 경험이 있어 스스로 잘 처리하기 때문이다. 자신이 해당 의뢰인의 이혼사건을 잘 처리했다고 의뢰인이 '저 변호사한테 이혼사건 맡겨 봤더니 잘하더라' 이런 말은 잠재적 이혼예정 고객에게 전하는 경우는 거의 없다.

백화점에서 문화 강좌로 '이혼'이라는 단어가 들어가는 강의를 하면 백화점 실무자로부터 '불가'라고 회신이 온다고 한다. 하지만 제목을 살짝 바꿔 '슬기로운 가정생활'이라고 강좌를 개설하면 청강생 몇 분이 슬며시 자신에게 전화한다고 한다. 이혼전문은 알음알음으로 수임하는 것은 안 되나 보다.

◇ **뜻밖의 해후(邂逅)**

최근에 부산에서 재판이 있어 다녀왔다. 재판을 마치고 부산역에서 서울로 가는 기차를 타려고 하는데 저 멀리서 누군가가 나를 보고 환하게 웃으면서 나를 맞이하는 것이었다. 나도 어디서 많이 본 얼굴인데 도저히 누군지 모르겠지만 상대방이 환하게 웃으니 나도 얼굴이 환해졌다. 거리가 가까워져도 도저히 누군지 가늠이 안 되었다. '동창은 아닌 것 같고 선후배, 동기도 아닌데. 액면으로 봐서는 대학교 때 얼핏 안 선배인가?' 그래서 나도 반갑게 웃으며 악수하였는데(표정만 봐서는 서로 예전 유머 1번지에 나오는 '반갑구먼 반가워' 할 분위기)

나: 누구셨더라…

상대방: 누구시더라(상대방도 나를 정확하게 모르는 듯했다)

나: 어디서 많이 뵌 것 같기는 한데…

상대방: 아… (생각난 듯) 변호사님 저… 예전 사건 상대방 변호사였습니다.

나: 아… 네…(어색한 웃음)

상대방: 재판시간이 촉박해서 그럼 이만.

그리고는 서로 가던 길을 갔다.

◇ 나 고양지청 아무개 검사인데…

어느 지자체장이 검사사칭죄(정확한 용어는 공무원 자격사칭죄[38])로 벌금을 받은 적이 있다는 신문기사를 보고 문득 사법연수원 시절 내가 검사를 사칭(詐稱)한 기억이 났다. 이미 공소시효(公訴時效)가 지났고 아래 사안만으로는 위 죄의 구성요건(構成要件) 해당성이 없을 수 있으므로 과감

---

38 공무원의 자격을 거짓으로 속여 직무상의 권리를 행사함으로써 성립하는 범죄. 공무원이 자신의 자격 이외의 자격을 거짓으로 속이는 경우도 포함된다. 직권을 행사하지 않고 사칭만 하였을 경우에는 경범죄 처벌법에 의한 처벌만 받는다.

히 밝히도록 한다.

서울에서 주말을 보내고 일산 연수원으로 돌아가는 번호 불상(不詳)[39]의 광역버스 안이었다.

그 버스가 항상 붐볐는지 아니면 그날따라 붐볐는지 기억나지 않으나 사람들이 많이 서 있었고 나도 서 있었던 것 같다. 그런데 갑자기 "꽉~" 하고 뒤통수 맞는 소리가 들려 보았더니 상당히 많은 술을 걸친 듯한 50대 정도의 아저씨가 계속 서 있기 힘들었는지 앉아 있던 고등학생 정도 보이는 학생에게 갖은 욕을 하면서 일어나라고 하는 것이었다. 그 학생은 당황해서 어쩔 줄 몰라 했고 그 아저씨는 계속 횡설수설, 소리까지 고래고래 지르며 학생의 머리를 연달아 때리는 것이었다. 어린놈이 앉아 있다는 말을 반복해서 한 것으로 기억된다.

그런데 웬걸 버스 안에 있던 그 많은 사람들 중에 그 아저씨를 말리는 사람은 아무도 없는 것이었다. 이때 본인 홀연히 그 아저씨 앞으로 다가가 이미 사법연수원 2년 차로 검사시보(試補)도 마쳐 검사물도 좀 먹었겠다 과감하게도 "나 고양지청 아무개(내 이름을 그대로 이야기했는지, 가명으로 했는지 기억나지는 않는다.) 검사인데 너무 한 것 아니냐, 약주를 드셨으면 택시를 타시지 왜 복잡한 버스를 타서 엄한 학생을 때리느냐, 나랑 같이 가까운 경찰서를 가 주셔야겠다"라고 말했다. 그러자 이 아재가 갑자

---

39   상세하지 않다, 알 수 없다는 뜻인데 공소장에 자주 등장하는 용어로 통상 성명불상자 등으로 쓰인다.

기 나타난 (가라) 검사의 등장에 놀랐는지 갑자기 버스 벨을 누르면서 쏜 살같이 내리는 것이었다. 그 정류장은 사실 평소에도 아무도 내리지 않는 황량한 정류장이었는데 아마도 자기의 목적지도 아닌데 당황해서 내린 듯 했다. 내리고 난 이후의 모습도 자세히 보았는데 당시 버스에서 내렸던 그 아저씨의 표정은 심히 당황한 표정이었다.

어쨌든 조용해진 버스에서 이제 자리에 앉아 사법연수원이 있던 마두역 으로 가던 본인이 하차 문에서 내리려고 기다리고 있었다. 그런데 어떤 30 대 중반 정도로 되어 보이던 아저씨가 살포시 내 오른쪽 손등을 감싸면서 "잘 하셨어요"라고 하는 것 아니겠는가. 그 아저씨는 내가 검사를 사칭한 것을 알아서 그런 이야기를 한 것인지 아니면 같은 사법연수생이었는지 알 수 없으나 하여튼 당시 그 아저씨가 계속 객기를 부려 나와 싸움이 일 어나 같이 경찰서에 갔다면 어떻게 되었을까. 지금 생각하면 약간 아찔하 기는 하다.

◇ 신림동 독서실을 바로 나와 버린 이유

벌써 10년 전 일이다. 당시 식사를 하다가 동료 변호사가 동료변호사의 고시생 시절을 이야기하면서, 어떤 분이 도서관에서 고시공부를 하던 나 의 동료변호사에게 다가와 서로 잘 알지도 못하는데 무턱대고 말을 건네 왔단다. 그러면서 이번 2차 사법시험은 무조건 '무효행위(無效行爲)의 전 환(轉換)'이 나온단다. 이어 자기가 어렵게 구해 온 정보라면서 무효행위의 전환에 대하여 논해 보자고 하더란다. 그분은 학교 수업시간에도 가끔씩 들어왔다고 하는데 학교 재학생인지 졸업생인지는 아직까지 확인되고 있지 않다고 한다.

그 외에도 한여름에도 바바리코트를 입고 선글라스를 낀 채 도서관에 등장하는 고시생, 강아지를 도서관에서 데려와서 돈을 꿔 달라는 고시생 등 정신 줄을 놓은 다양한 고시생들이 많았다고 한다.

사실 나도 고시공부를 하면서 '내가 이러다가 정신 줄을 놓는 게 아닌가' 하는 생각이 들 때가 많았다. 무엇보다 신경이 무척 예민해져 주변 소음에 민감해진다. 무던한 사람도 많지만 대부분의 수험생들은 예민해질 수밖에 없는 것 같다.

나도 신림동 독서실에서 아주 잠시 공부를 한 적이 있다. 당시 강의테이프를 듣기 위한 카세트 소음이 들리지 않기 위해서 카세트를 수건으로 둘둘 말거나 책장을 아주 살살 넘겼다. 또한 커피 냄새조차 퍼지는 것을 막기 위해 항상 믹스커피가 담긴 컵 뚜껑을 덮었다. 그렇지 않으면 바로 익명의 포스트잇이 붙기 때문이다.

무엇보다도 황당하면서도 웃픈 독서실 에피소드를 들은 적이 있다. 친구가 한 신림동 독서실에서 공부하기 위해서 등록을 한 날이었다. 그 친구는 당시 감기 기운이 있어 기침도 가끔 하며 약간의 소음을 주변에 냈던 모양이다. 공부를 하다가 잠시 자리를 비웠는데 책상에 마치 소장의 청구취지 부동산 별지목록처럼 요구사항이 쭉 나열된 포스트잇이 붙어 있더란다.

1. 책장을 살살 넘길 것.

2. 나가서 코를 풀 것.

3. 다리를 떨지 말 것.

등등이 있었는데 친구는 마지막에 쓰여 있는 것을 보고 당일 등록했던 독서실을 바로 나와 버렸단다. 그 말은 바로

'호흡을 규칙적으로 할 것'

3장

칼럼외전

나는 변호사는 글쟁이라고 생각한다. 기고의 제안이 오면 거절하지 않고 필요하다면 때로는 내가 요청을 해서 기고문을 싣기도 하였다. 이참에 여러 신문에 기고하였던 글을 한번 정리해 보았는데 기고하게 된 배경, 그 경과들도 첨언하였다.

들어 주는 재판이 되어야

우연한 기회에 고시생들이 많이 보는 〈법률저널〉에 기고할 기회가 생겼다. 첫 글 제목은 '들어 주는 재판'이었다. 정약용의 《목민심서(牧民心書)》에는 '청송지본 재어성의(聽訟之本 在於誠意.)'라는 글이 있다. 재판의 근본은 성의를 다함에 있다는 의미이다. 그런데 청송이라고 표현한 것이 이채롭다. 즉 소송(訴訟)은 당사자들 말을 듣는 것(聽)이 핵심인 것이다.

가끔씩 소액 재판을 맡게 될 때가 있는데 재판정에 가보면 아주 도떼기 시장이 따로 없다. 민사소송에 있어 소액 재판은 말 그대로 소가가 소액 (3000만 원 이하)이어서 당사자들은 아무래도 변호사를 선임하지 않고 직접 본인 소송을 하는 경우가 많다. 또한 사건도 워낙 많아서 해당 재판부가 처리하는 사건도 엄청난 것으로 알고 있다.

사건은 많은 반면 소송을 대부분 당사자가 직접 수행하는 경우가 많다 보니 판사도 고역인 듯하다. 어쩌다 내 소송 차례를 기다리다가 다른 사건들이 진행되고 있는 것을 보면 내가 속에 천불이 날 정도이다. 당사자가 법적으로 말이 안 되는 주장을 하는 경우가 적지 않고 억울한 심정은 알겠는데 이를 법적으로 정리하지 못하고 판사 앞에서 구구절절 얘기하니 시간에 쫓기는 판사는 제대로 들을 여유조차 없다. 간혹 어떤 판사는 당사자들에게 "서면으로 제출하라"라고 하거나 "주위에 법을 아는 사람들에게 도움을 받아서 정리해 오라"라고 하기도 하지만 그런 사람들이 적지 않다 보니 그런 재판지휘가 반복되면 이로 인한 스트레스도 이만저만 아니겠다는 생각이 든다.

다만 당사자의 정리되지 않은 변론을 참을성 있게 들어 주고 또한 차근차근 설명해 주시는 판사들의 재판 진행을 보면 가끔씩 나도 모르게 고개가 숙여질 때가 있다.

조정으로 끝난 사건이어서 나에게 유리하게 재판을 진행하거나 유리하게 판결이 된 것도 아니었지만 참으로 기억에 남는 판사가 있다. 재판에 늦었다 싶어 땀을 뻘뻘 흘리며 재판정에 도착하니 재판이 많이 밀려 있어서 다른 사건 진행을 유심히 지켜보았다. 담당 판사는 재판 진행 내내 답답한 당사자들에게 역정은커녕 인상 한 번 찌푸리지 않고 친절하게 그리고 천천히 설명을 해 주셨고 가끔씩 온화한 미소를 지어 주셔서 무척 인상이 깊었다. 내 사건에서도 논리 정연하게 쟁점을 정리를 해 주셔서 무척 고마웠던 기억이 아직도 생생하다.

본인 소송당사자들은 소송 진행 중 가끔씩 이런 말을 한다. "판사님, 그러면 제가 어떻게 하면 되나요?" 엄밀히 얘기하자면 우리 민사소송은 법적으로는 판사가 알아서 모든 것을 지시해 주는 직권주의가 아니라 당사자가 알아서 공격방어 방법을 제시하여야 하는 변론주의이므로 이러한 질문에 대하여 판사는 원칙적으로 답변해 줄 의무는 없다. 그러므로 이러한 질문은 한마디로 답답한 질문인 것이다. 어떤 판사 분은 짜증이 약간 묻어나는 목소리로 "내가 당신 변호사가 아니므로 어떻게 하라고 말해 줄 수 없습니다", "주위에 법을 아는 사람에게 조금이라도 물어보고 오세요"라고 말하곤 한다. 백 번 이해되고 법적으로는 그런 판사의 말이 틀렸다고 할 수 없으나 어딘지 매몰차다.

최근에 내가 수행한 사건 중에 1심에서 보기 좋게 완전 패소했다가 항소심에서 조정으로 종결된 건설 관련 소송이 있었는데, 누가 봐도 계약서 자체가 나의 의뢰인인 하도급인(상대방은 도급인인데 건설에 있어 하도급 관계는 어느 다른 관계보다 불공정한 관계이다)에게 불리하게 작성되어 있었고 건설 분쟁의 특성상 뚜렷한 증거 또한 남아 있지 않아서 원고인 우리로서는 상당히 어려운 싸움이었다. 구두 변론 자체를 상당히 귀찮아 하던 1심 재판장과 달리 항소심의 주심 판사는 2차례에 걸친 조정에서 나의 의견뿐만 아니라 나의 의뢰인, 즉 당사자의 얘기 또한 차근차근 인내심 있게 들어 주었다. 이 때문에 뒤에 있던 사건들이 한참 기다리는 불편을 겪긴 했지만 나로서는 '승패를 떠나 이러한 소송, 즉 들어 주는 재판이야말로 패소를 하더라도 당사자가 수긍하는 재판이 되겠구나'라는 생각이 들었다. 대부분의 판사들이 엄청난 배당 사건을 가진 현실에서 이러한 것이 쉽지 않다는 것은 알지만 당사자에게 할 말은 하게 해 주는 그리고 그것을 차분히 들어 주는 재판이야 말로 바람직한 재판이 아닐까 한다.

(〈법률저널〉, 2010. 3. 5.)

송무냐 자문이냐

변호사로서의 주된 업, 즉 송무(訟務)와 자문(諮問)의 각 특성에 대해 정리해 본 글이다. 글 중 자문을 위주로 하는 변호사는 세밀함을 필요로 하고 송무를 주로 하는 변호사는 적극적인 성격을 필요로 한다고 언급하였는데 생각해 보면 적극성은 변호사로서 가장 중요한 덕목인 듯하다.

변호사는 크게 두 가지 분야의 업무를 한다. 종국적으로 재판과 관련된 민·형사에 걸친 쟁송 사건을 다루는 송무(訟務) 분야와 금융, 증권, 공정거래, 인수합병 등의 다양한 분야에 대하여 기업이나 기관에 법적 도움을 주는 자문(諮問) 분야가 있다. 변호사들 중에서 이중 한 가지 분야의 업무만 하는 경우는 매우 드물고 업무의 비율만 상이하다 할 수 있다.

간단히 그 특징을 살펴보면, 송무는 구속적부심 사건처럼 급박한 사건이 아닌 이상 재판 기일이 한 달 단위로 돌아오기 때문에 대체적으로 업무 리들이 규칙적이며 사법연수원(혹은 로스쿨)을 통해서 이제까지 배워 왔던 것들이라 업무에 금방 익숙해진다. 또한 로펌에 있는 소속 변호사의 서면이 파트너 변호사의 빨간 줄에 의하여 수정, 검토되긴 하지만 대부분이 사건이 배당된 소속 변호사가 온전히 진행하는 경우가 많다. 그래서 해당 의뢰인과 친밀도가 상당하며 애초 파트너의 의뢰인으로 왔다가 직접적으로 사건을 수행하는 소속 변호사의 평생의 의뢰인이 되는 경우가 적지 않다. 다만 자문보다는 대인적 접촉이 많다 보니 심적으로 상당한 스트레스를 겪기도 하며 민사 서면을 쓰다 보면 법률요건과 관계없이 상대방 서면의 말꼬리 잡기 등을 하는 것 같아 비생산적이라는 생각이 가끔 들기도 한다. 무엇보다 은근히 스트레스를 주는 것은 소송에는 승패가 있다는 점이다.

이런 어려운 점도 있지만, 송무사건은 마치 살아 있는 생명체와 같아서 서로의 공방을 통해 결론에 도달하다 보면 변호사로서 재미도 있고 의뢰인에게 좋은 결과를 가져다주면 아주 보람차다. 다만 더운 여름 법원에 두꺼운 기록을 들고 고갯길을 왔다 갔다 할 때면 사무실에서 자문 업무만 하고 싶다는 생각이 들 때도 있다.

반면 자문은 의뢰인들이 대부분 기업이고 이미 터진 분쟁을 뒷수습하는 송무와 달리 어떤 의미에서는 생산적인 면이 있는 듯하다. 가령 M&A 계약을 통해 기업의 인수합병이 이루어지고 PF(Project Finance) 자문을 통해 필요한 곳에 대출이 이루어지니 말이다. 이런 자문 업무는 송무에 비해서 업무가 불규칙이며 업무의 시간엄수가 무엇보다도 필수적이다. 또한 기업(특히 인수합병 건)이나 금융 자문은 그 구조부터 시작해서 종결까지 예상하지 못한 법적 이슈들이 불쑥불쑥 나타나 난이도도 상당히 높고 혼자 진행할 수 없는 것들이 대부분이다.

또한 기업에서 로펌에 의뢰하는 일반 정기 자문 건은 종류가 워낙 다양하고 주로 사내 법무 팀에서 해결하지 못한 복잡한 건을 부탁하는 경우가 많아서 쉽지 않다.

한편, 기업이 사업을 진행하면서 사전 법적 리스크가 있는 경우, 변호사의 자문의견서를 통해 위험성을 검토하고 나아가서 사업의 법적 정당성을 확보하는데 자문 변호사로서도 워낙 큰 금액이 걸린 거래에 대한 법적 의견을 줄 때에는 심적 부담도 상당하다. 왜냐하면 의견을 잘못 주면 기업이 손해를 입을 수 있고 이에 대한 책임으로부터 변호사도 자유로울 수 없기 때문이다.

무엇보다 자문 변호사로서 힘든 점은 업무의 집중도가 매우 높아 스트레스가 상당하다는 것이다. 가령 언제까지 실사보고서를 작성해야 하고 언제까지 계약서 초안을 만들어야 하는지 등 기업이 요구하는 정확한 시간에 일을 마쳐야 하다 보니 새벽까지, 때로는 밤을 꼬박 새우기도 하고 밥도 제대로 못 먹는 것이 다반사다. 길게 보면 자문 사건을 많이 하는 변호사가 개업을 한다고 하여 해당 기업이 그 변호사를 따라가는 경우는 그리 많지 않다. 즉 의뢰인의 친밀도가 송무에 비하여 그렇게 높지 않다는 것이다. 국내 굴지의 로펌에서 기업인수합병의 대가였던 한 변호사가 개업을 하였으나 사건이 그리 많지 않아 고생하였다는 에피소드는 자문 변호사들이 항상 고민하는 부분이다.

변호사마다 성격이 제각각이어서 어느 부분에 적성이 맞느냐는 직접 경험해 보지 않고서는 모르는데 아마도 자문은 세밀함을 필요로 하고 송무는 적극적인 성격을 필요로 한다는 점인 것 같다. 개인적으로는 자문과 송무 모두를 어느 정도 경험해 보았지만 송무가 변호사업의 기본 중에 기본이라고 생각한다. 결국 자문이라는 것도 분쟁의 사전적 예방인 측면이 많고 가령 계약서에 대한 자문을 할 경우 어떻게 계약서 문구를 구성해야 막상 소송이 터졌을 때 그 문구가 소송에서 어떻게 작용하는지 알아야 적절하고 정확한 자문을 할 수 있기 때문이다. 다시 말해 송무의 기초 위에 자문이 있는 것이라 본다.

〈법률저널〉, 2010. 4. 9.)

치열한 증인신문

증인신문진행은 어느 정도 중견변호사가 된 지금도 가장 어렵고 힘들다. 재판을 하다 보면, 승패를 좌우할 서류(서증)가 없거나 있더라도 그 의미 (해석)가 애매한 경우가 많아 증인신문이 이루어지는 경우가 많다. 글 내 용처럼 증인신문은 내내 긴장해야 하므로 끝나면 위산이 많이 분비되었 는지 속이 쓰린 경우가 적지 않았던 것 같다.

예전에 아내가 나의 변론 모습을 보고 싶다고 해서 의정부 법원까지 데 려간 적이 있는데 적지 않게 실망했다고 한다. 아내는 미국드라마에 나올 법한 치열한 변론을 기대한 것 같다. 하긴 그날 내가 이야기한 것은 '변론 종결해도 되겠습니까'라는 판사의 질문에 '네, 더 진행할 것 없습니다'가 다 였으니까. 그래서 나는 아내에게 그런 변론을 보고 싶다면 증인 신문할 때 한번 와 보라고 한다.

나는 변호사의 변론의 진수(眞髓)는 증인신문이라고 생각한다. 진수라고 해서 가장 중요하다는 의미는 아니지만 치열한 증인신문을 마치고 나면 '내가 변호사를 하고 있구나'라고 실감하게 된다.

변론 준비절차 혹은 변론 기일에서 증인을 신청하고 재판부에서 이를 받아들이면 신문기일이 잡힌다. 이때 증인을 신청하는 변호사는 미리 증인신문사항을 만들어 관례상 증인신문 기일 최소 일주일 전에 상대방 변호사가 볼 수 있도록 법원에 미리 제출하여야 한다. 왜냐하면 상대방 변호사는 그 증인신문을 보고 반대신문사항을 준비하여야 하기 때문이다.

사실 증인신문에서 증인에 대한 주신문사항을 보고 반대신문사항이 더 중요하다. 왜냐하면 적대적 증인이거나 중립적 증인이 아닌 이상 일방 당사자가 신청한 우호적 증인은 그 당사자에게 유리하게 진술할 것이 충분히 예상되므로 반대신문을 통해 그 뻔한 답변들의 신빙성을 무너뜨려야 하기 때문이다. 그렇기 때문에 반대신문 변호사는, 주신문 변호사가 미리 송부한 주신문사항을 자신의 의뢰인에게 송부하여 이를 함께 분석하고 탄핵할 틈을 찾는 것이 중요하다.

예를 들어 '어느 맑은 날에 어떤 사실을 분명히 목격했다'라는 취지의 주신문답변에 대하여 반대신문을 하는 변호사는 그날에 비가 내렸던 날씨 기록을 구해 와서 제시하면 그 증인이 거짓말을 한다는 것을 입증할 수 있게 된다. 그러나 실제 증인을 탄핵하기란 녹록치 않은 일이다. 상대방에게 우호적인 증인을 반박하기란 쉽지 않고 어떨 때는 반대신문하는 변호사에게 적대적으로 대하는 경우도 있기 때문이다.

한편, 반대신문사항의 경우, 주신문과 달리 상대방에게 증인신문 기일 전에 미리 송부되지 않고 주신문이 끝날 때 비로소 주신문 변호사에게 제시된다. 나의 경우, 준비한 반대신문 그대로 신문한 경우는 거의 없었던 것으로 기억된다. 그때그때 융통성을 발휘하여 증인이 방금 전 주신문에서 거짓말을 하고 있지는 않은지, 주신문과 반대신문에서 다른 이야기를 하고 있지는 않은지 허점을 찾아내서 즉석에서 신문사항을 메모하고 이를 토대로 신문해야 하는 경우가 많기 때문이다.

반면 주신문을 마친 변호사는 상대방 변호사가 반대신문을 하고 있는 동안 넋 놓고 있으면 안 된다. 필요시 재(再)주신문을 즉흥적으로 준비해야 한다. 주신문 때 놓친 사항을 추가로 물어볼 것이 있다거나 반대신문 혹은 재판장의 보충신문에서 증인이 엉뚱한 이야기를 할 수 있고, 반대 신문 변호사의 유도에 말려 같은 이야기를 다르게 언급할 수 있기 때문이다. 이러한 재주신문 시 변호사는 이런 얘기를 많이 한다. "아까 상대방 대리인의 이러저러한 질문에 이러저러하게 답변을 했는데 그 의미는 사실 그런 게 아니라 이런 거지요" 등등이다. 이는 유도신문에 해당하지만 반대신문과 관련된 재주신문의 경우에는 유도신문이 허용된다.

그러니 주신문 변호사뿐 아니라 반대신문을 하는 상대방 변호사 또한 증인신문 내내 긴장하며 집중하고 있어야 하는 것이다. 더욱이 다른 입증 방법이 없어 불가피하게 적대적인 증인을 신청하는 경우는 더욱더 어렵다. 적대적 증인을 신청하는 경우에도 증인신문사항을 미리 상대방 변호사에게 송부할 수밖에 없는데 그 적대적 증인은 증인을 신청하는 측의 질

의사항을 미리 알게 되어 답변을 치밀하게 준비하므로 변호사로서는 증인 탄핵이 더욱더 힘들기 때문이다.

증인을 신청해서 막상 증인신문절차가 받아들여져서 기나긴 증인신문을 마치더라도 판결문에는 다음과 같은 문구가 많이 등장한다. '증인 ○○○은 …이라고 증언하고 있으나 …라는 사실에 비추어 믿기 어려우며 달리 이를 인정할 증거가 없다'라고 하여 주장하고자 하는 사항을 배척하기 십상이다. 과장해서 얘기하자면 백 번의 증언보다는 하나의 서증이 우선하는 것이다.

지난주에도 내 뒤에서 차례를 기다리고 있는 변호사들의 눈치를 보며 증인신문을 1시간 30분 넘게 했더니 완전 녹초가 되어 버렸다. 법정에 들어갈 땐 날이 밝았는데 법정을 나서니 어둠이 짙게 깔린 후였다. 그래도 증인신문은 변호사로서는 가장 다이내믹한 순간이 아닐까 한다.

〈법률저널〉, 2010. 6. 25.〉

금융소비자보호 혼연일체

임종룡 전 금융위원장이 금융개혁을 일성으로 외친 취임사에 부쳐 2015
년 3월경 쓴 글이다. 나는 당시 금융개혁은 절대선(絕對善)이 아니라 오
히려 투자자들에게는 독이 될 수 있다는 점을 설파(說破)하였다. 공교롭
게도 이러한 금융개혁을 외친, 당시 금융위원회 주도 하에 사모펀드 규제
완화내용을 담은 자본시장법이 개정되었고 그로부터 약 5년 이후 DLF,
라임, 디스커버리 등 각종 사모펀드 사고가 터지고 있다.

임종룡 신임 금융위원장의 취임 일성은 "지금이야말로 금융개혁을 추진
해야 할 적기(適期)이자 마지막 기회"라는 말이었다. 임 위원장은 취임 후
금감원을 첫 방문해 불필요한 규제를 혁파하고, 금융개혁 추진 과정의 공
조 강화 방안에 대해 얘기를 나누고 금융당국의 변화를 강조하면서 "금융
당국부터 사전에 일일이 간섭하던 '코치'가 아니라 '심판'으로 역할을 바꿔

나가겠다. 금융회사도 자율적으로 시장규율을 존중하는 조직문화를 만들어야 한다"라고 말했다. 그러나 그 어디에도 금융소비자 보호를 위한 일성(一聲)은 들리지 않는다.

저축은행 및 동양그룹 사태를 거치면서 한계기업과 관련이 있는 계열 금융회사나 그 자체로 한계상황에 다다른 금융회사는 자율적으로 시장규율을 존중하지는 않으며, 금융당국이 제대로 심판하기는커녕 그들의 부실을 눈감아 주고 심지어 일부 저축은행 사건과 같이 뇌물 수수와 허위공문서 작성까지 저지르는 아주 나쁜 심판이 될 수 있음을 우리는 목도(目睹)한 바 있다.

동양 사태를 예로 들어보자. 감사원 감사 결과 보고서에 자세히 언급되어 있듯 금융위원회는 동양증권이 신탁자금을 이용한 계열사 지원금지 규정을 지속적으로 위반하고 있는데도 위 규정을 삭제하는 우(愚)를 범했고, 금감원은 동양증권의 계열사 부당지원 행위를 계속 적발하고도 영업정지 등 실효성 있는 조치 없이 있다가 2009년 5월쯤 동양증권과 신탁계정의 계열사 기업어음(CP) 보유규모 축소를 위한 '이행하지 않더라도 별다른 제재조치가 없는' 양해각서를 체결했다. 동양증권이 조금 이행하다가 2011년부터는 이행하지 않은 것은 물론이다.

금감원은 2012년 7월이 돼서야 신탁계정에 투기등급 계열사 CP 등의 편입을 금지해야 한다는 내용의 금융투자업 규정 개정 건의를 금융위원회에 하게 된다. 그러나 금융위는 미적대다가 2013년 4월에야 계열사가 발행한 투기등급 CP·회사채를 매매 권유하거나 신탁재산에 운용하는 행위 등을 금지토록 금융투자규정을 개정했으나 그마저도 6개월 이후 시행되도록 했다. 그 기간 동양증권으로부터 회사채와 CP 등을 매입한 사람들이 막대한 피해를 본 것은 물론이다. 애초 위 개정 규정의 시행 시기는 공고 후 3개월이 경과한 날부터 시행하기로 돼 있었다. 그러나 규제개혁위원회는 동양증권의 '바로 시행하면 저축은행 사태에 버금가는 대혼란이 오므로 시행 시기를 연기해 달라'라는 의견을 일부 받아들여 위와 같이 시행 시기를 6개월이나 연장해 버렸다. 오히려 규제개혁이라는 명목이 피해를 더 키운 셈이다.

즉 위와 같은 일련의 예에서 본다면 개인투자자 보호를 위해서는 적절한 규제가 적시에 이루어져야 함을 알 수 있고 규제개혁 자체가 절대선이 아님을 알 수 있다. 오히려 전문투자자와는 다를 수밖에 없고 또한 최근 연이은 금리하락과 물가상승률을 고려한다면 사실상 마이너스 금리인 상태에서 중위험 혹은 고위험 금융투자상품 투자를 할 수밖에 없는 개인투자자를 보호키 위해 금융회사들의 각종 위법·탈법적 영업행위를 더욱 엄밀히 규제해야 한다. 최근 금융위원장이 '금융개혁 혼연일체'라는 글이 담긴 액자를 금감원장에게 선물했다고 하는데 '금융소비자 보호 혼연일체'라는 액자를 나란히 걸어 놓으면 어떨까 한다.

《파이낸셜뉴스》, 2015. 3. 30.)

법적 분쟁의 '골든타임'

내가 많이 다루고 있는 금융관련 소송에 있어 특히 자본시장법상 소멸시효는 매우 단기간으로 정해져 있는 경우가 많다는 것을 염두에 두고 쓴 글이었다. 실제 구 자본시장법상 부정거래행위 책임에 대한 소멸시효 등은 기존에 피해자가 그 사실을 안 날로부터 1년 또는 그 행위가 있었던 날로부터 3년이 지나면 시효로 소멸하는 것으로 규정되어 있었다. 그러다 보니 검찰조사를 마쳐 세상에 불법행위가 드러날 즈음 그 행위가 있었던 날로부터 3년이 지나 소멸시효가 완성되어 버려 피해자들을 위한 손해배상청구를 준비하다가 그만둔 실제 사례가 있었다.

이러한 문제로 인하여 위 책임의 소멸시효는 안 날로부터 2년, 그 사실이 있었던 날로부터 5년이 지나야 시효가 완성되는 것으로 자본시장법이 2018년경 개정[40]되었다. 다만 칼럼에 언급되고 있는 증권신고서의 거짓의 기재 등으로 인한 배상책임은 여전히 그 청구권자가 해당 사실을 안 날부터 1년 이내 또는 해당 증권에 관하여 증권신고서의 효력이 발생한 날부터 3년 이내에 청구권을 행사하지 아니한 경우에는 소멸하는 것으로 규정[41]되어 있는 등 여러 특수한 법상의 소권(訴權) 행사의 골든타임을 놓치지 않아야 한다.

골든타임은 사고나 사건에서 인명을 구조하기 위한 초반 금쪽같은 시간을 지칭하는 말인데 세월호 사건 이후 사회 전반적으로 놓쳐서는 안 되는 귀중한 시간이라는 의미로 널리 사용하게 된 것 같다. 법적 분쟁에서의 골든타임은 어떠한가. 통상적으로는 소송 제기 시간을 놓쳐서는 안 되는 급

---

40   제179조(부정거래행위 등의 배상책임)
     ① 제178조를 위반한 자는 그 위반행위로 인하여 금융투자상품의 매매, 그 밖의 거래를 한 자가 그 매매, 그 밖의 거래와 관련하여 입은 손해를 배상할 책임을 진다.
     ② 제1항에 따른 손해배상청구권은 청구권자가 제178조를 위반한 행위가 있었던 사실을 안 때부터 2년간 또는 그 행위가 있었던 때부터 5년간 이를 행사하지 아니한 경우에는 시효로 인하여 소멸한다.

41   제125조(거짓의 기재 등으로 인한 배상책임) ① 증권신고서와 투자설명서 중 중요사항에 관하여 거짓의 기재 또는 표시가 있거나 중요사항이 기재 또는 표시되지 아니함으로써 증권의 취득자가 손해를 입은 경우에는 다음 각 호의 자는 그 손해에 관하여 배상의 책임을 진다.
     제127조(배상청구권의 소멸) 제125조에 따른 배상의 책임은 그 청구권자가 해당 사실을 안 날부터 1년 이내 또는 해당 증권에 관하여 증권신고서의 효력이 발생한 날부터 3년 이내에 청구권을 행사하지 아니한 경우에는 소멸한다.

박한 제한은 없어 보일 수도 있다. 하지만 가령 가사사건에서 배우자의 폭력이 예상돼 신청하는 접근금지가처분이라든지, 일반 민사사건도 시간을 다투는 긴급한 가처분, 가압류의 예는 얼마든지 찾을 수 있다. 필자가 수행한 사건 중에도 부모의 유산인 부동산이 수용돼 토지보상금이 생기자 보상금 수령과 관련한 형제간의 분쟁사례에서 해당 보상금을 상대방이 찾아가지 못하게 하는 보상금지급금지가처분을 신속하게 함으로써 본안 소송에서 적절한 합의를 이끌어 낸 바 있다. 이러한 보전처분을 제대로 하지 않고 소송을 시작하는 경우 본안 소송결과를 좋게 얻더라도 집행할 돈과 부동산이 이미 날아가 버려 소송결과가 무용지물이 될 가능성이 많다.

위와 같은 보전처분 외에 일반적인 소송 제기의 기한도 있다. 통상적인 채권의 소멸시효는 10년이 기본이지만 예외적으로 상인이 판매한 물품의 대가나 수공업자 및 제조업자의 채권은 3년, 여관이나 음식점 등의 채권은 1년 안에 소멸시효가 완성되기 때문에 이 기간 내에 소송이나 가압류 등의 시효중단절차를 취해야 한다.

최근 저축은행, 동양 사태 등을 비롯한 대규모 금융사건에 대한 법적분쟁이 빈번한데 민법 외에 자본시장법에는 입증책임의 전환과 손해배상액의 추정 등 피해자인 원고 측이 유리한 법적 효과를 두는 특수한 손해배상청구권을 부여하되 그 청구권에 대한 매우 단기간의 소송 제기기간을 규정하고 있다. 가령 증권신고서 및 투자설명서 거짓 기재로 인한 손해배상

소송의 경우, 피해자가 해당 사실을 안 날로부터 1년, 증권신고서의 효력 발생일로부터 3년 이내에 소송을 제기하게 돼 있다. 통상적으로는 분식회계 등 거짓 기재가 뒤늦게 발견되는 경우가 많기 때문에 길게 보이는 3년의 기간도 사실은 상당히 짧은 기간이고 특히 현재 법원은 피해자 개개인이 해당 사실을 실제로 알고 있었는지로 판단하지 않고 신문기사 등을 통해 해당 사실이 기사화된 시점에 개개인들이 안 것으로 간주하는 입장을 취하기 때문에 기간의 경과 여부를 상당히 유의해야 한다.

최근 하급심 판결 중 똑같은 분식회계로 손해를 입은 주식취득자들의 손해배상 소송에서 기간의 경과 전에 제기된 소송과 경과 후 소송의 결과가 완전히 달라진 사례도 있다. 상담을 하다 보면 소송결과가 어떻게 될지, 소송비용이 얼마나 들지 알지 못하기 때문에 관련 유사 사건의 소송 결과를 보고 소송을 할지 여부를 결정하겠다는 분들이 간혹 있다. 이는 어찌 보면 현명한 판단처럼 보일 수 있지만 위와 같은 대규모 사건의 경우 관련 민사 사건의 한 심급이 종결되는 데만도 2년이 넘는 경우가 있고 이로 인해 자칫 제소기간 경과로 동일한 사건임에도 소송 결과가 달라지는 우를 범할 수도 있으니 유의해야 한다. 물론 소송이라는 것이 각종 비용이 지출되고 이것저것 신경 쓸 것도 많지만 그렇다고 해서 소송의 골든타임을 놓쳐 버릴 수는 없는 것이다. 복잡다기해진 현대법에서 스스로 골든타임을 판단하지 말고 전문변호사의 면밀한 조언을 받는 태도가 항상 필요하다.

《파이낸셜뉴스》, 2015. 1. 28.)

'갑질' 금지 가처분

아래 글을 쓸 당시 이른바 '땅콩회항' 사건은 엄청난 사회적 파장을 불러일으켰다. 사람의 성정(性情)에 기대는 것보다는 이런 일이 일어나지 않게 하는 근본적인 시스템 개선이 필요하다는 것이 개인적인 견해이다. 더불어 갑질은 힘의 불균형에서 오는 것도 있지만 '호의가 계속되면 권리인 줄 안다'라는 영화 대사처럼 '을'의 과도한 호의를 '갑'이 권리로 착각함에서 오는 것도 있다고 본다.

2013년 기내 라면상무 사건, 유제품 회사 영업사원이 대리점 주인을 협박하고 제품을 강매한 사건, 최근 땅콩회항 사건 등이 연이어 터지면서 이른바 '갑질'이라는 용어가 일상화된 듯하다. 이러한 갑질이라는 말은 권력의 우위에 있는 갑이 권리관계에서 약자인 을에게 하는 부당행위를 통칭하는 개념 정도로 정의될 수 있을 것이다.

이런 사건들이 이슈화되고 확산된 데는 인터넷포털, 소셜네트워크서비스(SNS)와 인터넷신문의 역할이 지대하다. 몇몇 종이 신문의 기사화를 막는 것만으로 해결할 수 없는 시대가 온 것이다. 이제 을에게 있어 갑질에 대한 가장 빠르고 직접적인 해결방법은 영향력 있는 포털에 사연을 올리는 것이고, 이에 대한 공감을 널리 확산시키는 것일 수도 있겠다. 다만 이런 방법은 극단적인 사례를 제외하고 이슈화되지 못하거나 오히려 명예훼손이라는 역공격의 빌미를 제공할 수도 있고 갑이 그럼에도 불구하고 꿈쩍하지 않을 경우에는 그 실효성이 없기에 마냥 이런 방법에 의존할 수도 없는 것이다.

그렇다면 이런 갑을관계의 불공정성을 시정할 수 있는 법적 구제수단은 어떤 것이 있을까. 사실 갑을관계에 있어서 계약은 불공정 내지 불공평한 상태에서 일단 당사자의 사인이나 도장이 날인되기 때문에 민사법적으로는 여간해서 그 처분문서의 효력을 깨기가 쉽지 않다. 불공정한 법률관계를 규제하는 대표적 조항인 민법 제104조는 '당사자의 궁박, 경솔 또는 무경험으로 인해 현저하게 공정을 잃은 법률행위는 무효로 한다'라고 규정하고 있다. 또한 법원은 불공정한 법률행위의 성립요건을 '객관적으로 급부와 반대급부 사이에 현저한 불균형이 존재하고 주관적으로 그와 같이 균형을 잃은 거래가 피해 당사자의 궁박, 경솔 또는 무경험을 이용해 이루어질 것', 이에 더하여 '피해 당사자가 궁박한 상태에 있었다 하더라도 그 상대방 당사자에게 그와 같은 피해 당사자 측의 사정을 알면서 이를 이용하려는 의사가 존재할 것'을 요구하고 있다. 즉 불공정한 법률행위가 무효로 되는 요건을 매우 엄격하게 해석하고 있는 것이다. 따라서 처음부터 법률행위의 불공정성만을 이유로 본안소송을 제기하는 경우는 그리 많아 보이지 않는다.

그 대신 갑을계약은 일단 성립됐으므로 그 효력을 다투기 위해 법원에 해당 계약 내지 갑의 일방적인 처분에 관한 효력정지가처분 신청이 많이 제기되고 있으며 법원에서도 중대성과 긴급성이 상당 부분 소명되면 인용해 주는 것으로 보인다.

예를 들어 최근 연예인과 소속사 간의 전속계약효력정지가처분이 적지 않은데 일부 전속계약이 이른바 종신노예계약이라는 이유로 법원에서는 그 효력을 정지시킨 사례가 종종 있다. 이런 종류의 가처분(假處分)은 실제 본안소송과 거의 동일한 효과가 있어 상당히 효과적인 대응방안이다. 그 외에도 한국공정거래조정원을 통해 일반불공정거래행위를 다루는 공정거래에 대한 조정신청, 약관분쟁에 대한 조정신청 그리고 대표적 갑을관계라 할 수 있는 가맹사업, 하도급사업, 대규모 유통업거래에 대한 각 조정신청을 통해 갑질에 대한 불공정성 여부에 관한 판단과 합리적인 조정을 구할 수 있다.

다만 이런 갑을관계의 궁극적 해결책은 법적 해결이 아니라 역지사지(易地思之)라는 진부한 표현에 있지 않나 생각해 본다.

《파이낸셜뉴스》, 2015. 3. 2.)

착오송금의 법률관계

금융거래에 있어서 정보를 잘못 입력하여 착오 송금되는 경우가 많다. 이러한 착오송금에 관한 법률문제를 블로그에 정리하였는데 해당 글을 보고 많은 분들이 연락을 해왔고 사건으로도 연결되었다. 아래는 해당 블로그 글을 정리하여 착오송금에 관한 제반 법적 관계를 기재한 칼럼이다.

착오송금은 송금인의 착오로 송금금액, 수취은행, 수취인 계좌번호 등이 잘못 입력돼 이체된 거래로서 특히 모바일뱅킹 사용 증가, 송금절차 간소화 등으로 비대면 송금거래가 증가함에 따라 많이 발생하고 있다. 이에 금감원은 최근 착오송금 예방을 위한 프로세스를 개선하고 반환절차 간소화를 추진하고 있다.

계좌이체 시 은행은 자금이동의 원인에 관여함이 없이 중개기능을 수행할 뿐이므로 잘못 입금된 돈이라도 수취인은 계좌에 들어온 금원 상당의 예금채권을 취득하게 되므로 송금인은 수취인의 동의 없이는 자금을 돌려받을 수 없다. 다만 수취인이 예금채권을 취득했더라도 법적으로는 자금이체의 원인인 법률관계가 존재하지 않으므로, 송금인은 수취인에 대해 착오이체 금액 상당의 부당이득반환청구권을 가지게 된다.

만약 수취인의 동의가 없거나 묵묵부답일 경우 불가피하게 부당이득반환소송을 제기해야 하며 동시에 수취인 계좌에 대한 가압류 조치를 취해야 돈이 인출되는 것을 방지할 수 있다. 다만 가압류의 경우에는 수취인의 주소가 불필요하나 소송이 진행되려면 수취인(피고)의 주소를 알아야 하는데 수취은행은 법상 수취인의 주소 등의 개인정보를 알려줄 수 없기 때문에 송금인(원고)은 소송이 계속(係屬) 중인 법원에 수취은행에 대한 금융거래정보제출명령신청을 하면 수취인의 주소를 알 수 있으며 주소지가 분명하지 않거나 해당 주소지에 소장이 송달이 되지 않으면 공시송달을 통해 판결을 받을 수 있다.

그런데 만약 수취인이 대출연체자이거나 계좌가 압류된 경우라면 문제가 복잡해질 수 있다. 가령 수취인(을)이 수취은행으로부터 대출을 받고 있었고 수취은행 계좌에 입금된 자금은 자동적으로 대출금 변제에 충당된다는 내용의 약정을 맺고 있었는데 수취인과 전혀 관계가 없는 사람(갑)이 해당 계좌에 착오송금을 했다. 그러자 수취은행이 위 변제충당약정을 기초해 을에 대한 대출채권을 '받을 채권'으로 착오송금된 금원 상당의 을의 예금채권('줄 채권')과 상계했다는 이유로 갑에게 위 금원의 반환을 거절했다. 이런 사안에서 법원은 위 상계조치가 은행 이용자인 송금인 갑의 실수를 기화로 당초 기대하지 않았던 채권회수의 이익을 취하는 행위로서 상계제도의 목적이나 기능을 일탈하고 법적으로 보호받을 만한 가치가 없다는 이유로 수취은행은 해당 금원을 갑에게 반환해야 한다고 판단한 바 있다.

반면 수취인의 채권자인 제삼자가 수취인의 예금채권에 대해 채권압류·추심명령을 받은 후 착오송금됐고, 위 제삼자가 그 송금액을 압류하려 하자 착오송금한 송금인이 제삼자의 위 송금액에 대한 추심 집행을 불허해 달라는 내용의 청구를 한 사례에서 법원은 수취인의 채권자가 행한 예금채권에 대한 강제집행의 불허를 구할 수는 없다고 판단했다.

이렇듯 착오송금된 돈은 되돌려 받는 데 상당한 기간이 필요하거나 아예 돌려받지 못할 경우가 생기므로 이체 시에는 이체정보를 꼼꼼히 확인한 후 실행 버튼을 누르는 것이 불필요한 법적 분쟁을 막는 지름길이라 할 수 있다.

《파이낸셜뉴스》, 2015. 10. 14.)

소송비용담보제도 활성화해야

필자가 피고 대리인으로서 5년 이상 대법원까지 가는 치열한 공방 끝에 1, 2, 3심 모두 승소한 뒤 원고에 대해 소송비용확정 신청을 하고 결정까지 받았더니 원고가 파산을 신청하여 피고 당사자가 해당 소송비용확정 결정에 따른 변호사비용을 전혀 환수하지 못하는 일이 발생한 적이 있었다. 원고의 소송제기로 인해 피고가 불가피하게 지출한 변호사비용을 회수하기 위해 이를 미리 담보해 두는 것이 필요한데 우리 민사소송법[42]

---

42 제117조(담보제공의무)

① 원고가 대한민국에 주소·사무소와 영업소를 두지 아니한 때 또는 소장·준비서면, 그 밖의 소송기록에 의하여 청구가 이유 없음이 명백한 때 등 소송비용에 대한 담보제공이 필요하다고 판단되는 경우에 피고의 신청이 있으면 법원은 원고에게 소송비용에 대한 담보를 제공하도록 명하여야 한다. 담보가 부족한 경우에도 또한 같다.

② 제1항의 경우에 법원은 직권으로 원고에게 소송비용에 대한 담보를 제공하도록 명할 수 있다.

은 이에 대해서 매우 제한적 요건하에 규정하고 있으며 이마저도 법원은 이 조문을 사실상 사문화(死文化)시키고 있다. 필자의 영국 법정변호사 (barrister)[43] 사무실 시보(pupilage) 당시 경험에 비추어 이 글을 써 보았다.

최근 필자의 자문회사를 상대로 이른바 블랙컨슈머(black consumer)로 보이는 고객으로부터 '주장 자체로 말이 되지 않는' 소송이 제기되었다. 물론 상대방은 그리 생각하지 않을 수도 있으나 필자의 의견으로는 자문회사가 승소할 것이 아주, 그리고 매우 분명해 보였다. 이에 따라 필자는 자문회사를 대리해 우선 위 소송에 대해 민사소송법상의 소송비용담보제공 신청을 해 보기로 하였다. 소송비용담보제공 신청제도란 ① 원고가 대한민국에 주소, 사무소와 영업소를 두지 아니한 때 또는 원고의 소장, 준비서면 그 밖의 소송기록에 의해 청구가 이유 없음이 명백한 때 등 소송비용에 대한 담보제공이 필요하다고 판단되는 경우 ② 피고의 신청 내지 법원 직권에 이루어진다. 이 경우 법원은 원고에게, 원고의 패소 확정 시 피고에게 지급해야 할 변호사비용 등을 포함한 소송비용에 대한 담보를 제공하도록 명할 수 있다.

법원의 기각결과가 예상됨에도 위 신청을 해 보았으나 역시 결과는 기

---

43 영국의 법정변론 전담 변호사, 영국의 변호사는 법정에서 변호할 수 있는 배리스터(barrister) 와 고객을 상대로 사건을 수임하는 솔리시터(solicitor)의 두 종류가 있다.

각이었다. 현재 법원은 소송비용담보제공 규정을 원고가 대한민국에 주소, 사무소와 영업소를 두지 아니한 때의 요건을 제외하고는 사실상 적용하고 있지 않기 때문이다.

그러나 소송이 끝나고 상대방에게 소송비용을 청구할 수 있는 권한을 부여하는 소송비용 확정결정이 나더라도 패소한 상대방이 무자력이면 해당 결정이 무용지물(無用之物)이 되는데, 미리 소송비용담보가 제공돼 있으면 소송 종료 후 그 담보대금을 집행하면 되므로 소송비용담보제도(Security for Costs)는 효용성이 있다 할 것이다.

필자는 영국 법정변호사 사무실에서 수습변호사로서 법정변호사가 제시해 주는 몇 가지 사건에 대해 함께 논의할 기회가 있었다. 그중 인상 깊었던 것은 법정변호사가 대리하고 있는 피고 측이 승소한 사건에서 항소심 이전의 단계로, 패소한 원고로 하여금 피고 측 변호사비용 등을 포함한 소송비용을 담보하게 하는 명령, 즉 일종의 영미법상의 소송비용담보제도를 이용하여 법원에 담보제공을 신청하는 것이었다.

위 제도에 의하면, 피고가 승소했음에도 불구하고 차후 원고가 소송비용을 지급하지 못할 상당한 개연성이 있는 경우, 그것도 원고의 승소 개연성이 더 낮을수록 소송담보비용이 더 높게 책정되는 형태이고, 원고가 자력이 없거나 악의적이고 말이 되지 않는 소송(Vexatious Litigation)에도 비용담보가 부과될 수 있다고 한다. 실체적 재판 외에 소송비용에 대한 재판이 병행해서 이루어지는 것이었다. 변호사비용이 상당히 높은 영미법 국가에서 소송을 당하게 되는 상대방의 입장에서는 지출한 소송비용을 차후 담보받게 되므로 상당히 유용해 보였다.

우리 법원행정처도 위 영미법상의 담보제공 이유와 유사하게 '승소 목적보다는 상대방에 대한 심리적 압박을 가하는 수단으로 소송을 제기하는 경우, 원고 주장 자체에 이유가 없으면서 소송비용 회수 가능성이 희박한 경우' 등을 소송비용담보제공의 예시로 들고 있다. 그러나 법원은 이 제도를 거의 이용하지 않고 있다. 왜냐하면 재판부의 원고 패소라는 예단(豫斷)이 노출되고 담보제공결정에 대한 불복 등 소송절차상의 번거로움이 발생한다는 것이다. 그러나 불합리한 남소(濫訴)를 방지하는 차원에서, 그리고 넘쳐나는 소송 내지 상소 건수에 시달리는 법원으로서는 현존하는 소송비용담보제공 조문을 좀 더 적극적으로 해석, 운영하면 어떨까 한다.

《파이낸셜뉴스》, 2015. 11. 11.)

주식리딩사기 사건에 대한 소고(小考)

아는 변호사님으로부터 주식리딩 관련 사건이 있으니 상담을 해보라는 부탁받았는데, 상담결과 의뢰인들의 상대방은 고액의 리딩비를 받고 전혀 근거가 없는 정보를 토대로 의뢰인들에게 신용매수까지 부추겨 엄청난 피해를 끼친 상태였다. 이에 사실관계를 정리하여 상대방을 고소하였고 결국 구속까지 되었다. 이런 고소경과를 토대로 작성해 본 글이다. 관련 사건을 보도한 기자의 연속적인 기사와 아래의 나의 기고글이 나비효과가 된 것인지 알 수 없으나 이 글이 나간 지 얼마 지나지 않아 점점 다른 매체들의 관련 기사가 많아지더니 금감원은 주식리딩방 피해에 대한 소비자경보를 발행하기도 하였다.

2020년 코로나 19 사태가 장기화됨에 따라 주식시장이 출렁거렸고 이로 인해 개인투자자들의 주식시장 참여가 뜨겁다. '동학개미운동'이라는 신조어까지 생길 지경이다. '동학개미'들 중에는 전문적으로 투자를 해 왔던 개인들도 있을 것이지만 평소 관심에도 없다가 이번 상황으로 주식투자에 참여한 개인들도 적지 않은 것으로 보인다. 다만 초보 개인투자자로서는 어떤 종목을 언제 어떻게 매수하고 투자할지 막연한 경우가 대부분일터, 근자에 들어 극심한 주가변동은 이러한 개인 투자자들의 손실을 야기하고 있다. 그리고 손실이 막심한 개인들의 절박함을 이용해 마치 주식전문가인 자신만 믿고 따르면 엄청난 이익을 얻을 수 있을 것처럼 홍보하는 소위 '주식리딩(Leading)' 불법 사례 또한 기승을 부리는 중이다.

이하에서는 최근에 내가 위와 같은 주식리딩으로 피해를 본 피해자들을 고소 대리한 사건(이하 '해당 고소건')을 설명하면서 그 불법사례를 설명하고자 한다.

자본시장법은 유사투자자문업을 '불특정 다수인을 대상으로 발행 또는 송신되고, 불특정 다수인이 수시로 구입 또는 수신할 수 있는 간행물·출판물·통신물 또는 방송 등을 통해 일정한 대가를 받고 행하는 투자 조언을 하는 업'이라 정의하고 있다. 이와 같이 불특정 다수에게 주식투자에 대한 조언을 제공하는 업체들이 바로 유사투자자문업자(이하 '유투업자')에 해당한다. 이들은 엄격한 요건을 갖추어 '등록'을 요하는 투자자문업과 달리 금융위원회가 정해 고시하는 서식에 따라 금융위원회에 '신고'만 하면 된다.

해당 고소건에서의 피고소인 업체 대표는 유사투자자문업에 대한 신고만 돼 있다. 하지만 이들 대표는 "금감원에 등록도 돼 있어요"라며 피해자들을 안심시켰다.

투자자라면 등록과 신고는 엄연히 다르다는 것을 인지해야 한다. 일부유투업자는 유료회원을 모집하기 위해 운영하는 홈페이지 전면에 '금감원 등록업체, ○○ 투자자문'이라고 홍보 문구를 기재하고 제도권 금융기관으로 오인시킬 수 있는 상호를 사용하기도 한다.

그리고 요사이 유사투자자문업의 가장 대표적인 주식리딩 방법은 놀랍게도 '카카오톡 채팅방'이다. 이른바 카톡방이 '불특정 다수인이 수시로 수신할 수 있는 통신물'에 포함되는 것이다. 해당 고소 건도 카톡방을 통한 주식리딩 사례였다.

살펴본 김에 유사투자자문업자들의 불법혐의 유형을 살펴보면 다음과 같다. 우선 금융위(금감원)에 신고하지 않고 유사투자자문업을 영위하고자 하는 행위는 불법이다. 검색 포털에 '파인(FINE)'이라고 치고 해당 금융소비자 정보포털상 '유사투자자문업자 신고현황'에서 해당 업체명을 검색해 보자. 그러면 당신으로부터 리딩비를 받은 해당 업체가 신고된 업체인지 확인할 수 있다.

또 객관적인 근거 없이 허위·과장된 수익률 광고행위를 불법사례로 들수 있는데 이들이 내세우는 과거 투자수익률이 객관적인 자료에 기초해 작성됐는지 등을 확인하고 이용 여부를 판단할 필요가 있다.

어떤 업체는 비상장 주식을 가령 주당 10만 원에 낮게 매입한 뒤, 회원들에게 당 주식의 높은 목표가격(50만 원)을 전망하며 회원들에게만 '우선적 매수기회'를 주겠다고 현혹해 매입하게 했다. 그 후 매입해 놓은 주식을 30만 원에 매도해 막대한 차익을 거두고 회원들의 투자손실을 초래하거나, 제삼자가 보유한 비상장주식을 추천함과 동시에 해당 주식을 매수하려는 회원들에게 거래상대방, 거래가격, 매수가능 주식수 등을 지정해 주는 등 매매를 중개하면서 거래세 등 명목으로 수수료를 수취하는 경우도 있다. 위와 같은 행위들은 금융투자상품 등의 매매·중개업으로서 유투업자는 할 수 없는 행위이다.

홈페이지 대출중개 코너를 개설해 주식매입자금 대출(스탁론)을 투자자에게 중개·주선하거나 직접 금원을 대여하는 행위, 투자자의 재산을 일임받아 운용하는 행위(가령 업체가 아예 고객의 계좌상 공인인증서와 비밀번호 등을 제공받아 계좌를 직접 운용하는 행위)도 금지된다.

가장 위반사례도 많고 문제되는 경우가 미등록투자자문 행위이다. 즉 유사투자자문업자는 불특정 다수인에게만 주식 등 금융투자상품의 투자조언을 할 수 있을 뿐이고 일대일(1:1) 투자자문은 할 수 없음에도, 유료회원들을 대상으로 일대일 주식상담 게시판 내지 단체 카카톡방 외에 개별 카톡대화를 통해서 특정 주식에 대한 회원의 상담요청이 있는 경우 이에 대한 응대를 하거나 유선통화 등으로 매도가격, 매도시점 등에 대한 개별 상담을 하는 경우이다.

　해당 고소 건도 업체대표가 오픈 카카오톡 채팅방 상의 유료회원들을 상대로 일대일 카톡대화나 개별 유선통화를 통해서 특정 주식 종목에 대한 매매 시기, 전체 잔고 중 보유 비중, 신용매수 비율, 투자방향성 등 투자 판단에 대한 정보를 제공하고 투자자문이나 조언을 한 사례였다.

　특히 제대로 된 리딩을 할 능력조차 없는 것으로 보이는 피고소인이 처음에는 높지 않은 리딩비를 통해 유료회원들을 모았다. 그리고 그 회원들이 피고소인의 리딩을 통해서 적지 않은 피해를 입게 되었다. 피고소인은 이에 그치지 않고 "자신이 특정 주식의 '세력'과 연계되어 있다", "'세력'에 적지 않은 정보비용을 제공하였다"라고 거짓말을 해 추가로 고액의 리딩비를 편취했다.

　문제는 피고소인이 위 회원들에게 그동안의 손실을 만회할 수 있다며 신용매수까지 부추겨 특정 주식매수를 리딩했는데 결국 해당 주식이 폭락하는 바람에 적지 않은 피해자들이 엄청난 빚까지 떠안으며 벼랑 끝으로 몰린 것이다.

　급기야 피해자들이 필자를 찾아왔고 필자는 이들을 대리해 사기와 자본시장법상 유사투자자문업 위반행위로 고소해 위 피고소인이 구속기소 되기[44]에 이르렀다. 다만 수사과정에서 유사투자자문업 사례에 익숙하지 않은 수사기관을 이해시키기가 쉽지 않아 그 과정이 순탄치 않았던 것은 아쉬운 점이었다. 금융전문변호사인 필자로서는 수사기관이 복잡다기해지는 금융범죄에 많은 공부를 해 면밀하고 신속하게 대응을 했으면 하는 바람을 피력해 본다.

(《대한금융신문》, 2020. 5. 27.)

---

44 그 이후 해당 피고소인은 법원에서 실제 위와 같은 죄명으로 1심에서 징역형을 선고받았다.

사모펀드 피해 대응법 등

2019년도 말부터 사모펀드에 대한 사건사고가 끊이지 않고 있다. 이에 대한 피해자들의 대응방법에 대한 문의가 적지 않았는데 기존에 유사한 사건처리 경험에 비추어 칼럼을 통해 이를 정리해 보았다.

◇ DLF · 라임사태 피해 대응법은

몇 개월 전만 해도 '해외금리 연계 파생결합펀드(DLF, Derivative Linked Fund)' 사태로 시끄럽더니 최근에는 라임자산운용의 펀드 환매 중단 사태가 일파만파다.

전자의 경우 금감원이 최근 분쟁조정 배상비율 산정기준을 공개하는 등 피해자 구제절차가 진행되고 있으며, 일부 DLF 피해자들은 법원에 판매사를 상대로 민사소송을 제기하기도 했다.

이에 필자는 일련의 금융사건과 관련해 피해구제 대응방법, 즉 금융분쟁조정신청과 소송의 장단점을 설명하고 현 상황에서의 두 사건의 피해자 대응방법에 대한 의견을 전달하고자 한다.

먼저 금융분쟁조정절차는 소송과 달리 별도의 인지대가 들지 않고 무엇보다 조사절차가 사실상 직권주의로 이루어지는 장점이 있다. 또 조정결정에 대해 금융기관과 투자자 모두가 수락하는 경우 재판상 화해와 동일한 효력이 있다. 피해구제가 상당히 조속히 이루어진다는 점에서도 효율적인 제도이다.

다만 조정결정은 쌍방이 수락해야 효력을 가지므로 한 당사자라도 수락하지 않는 경우 아무런 구속력이 없어 피해구제를 위해서는 소송을 제기해야 한다.

또 조정결정은 해당 상품의 판매 금융기관이나 그 계열사의 발행회사 대표 등이 사기 등의 형사사건에 관여돼 있다 하더라도 대체로 자본시장법상 적합성 원칙, 설명의무 위반, 부당권유 금지 위반만을 쟁점으로 다루어 배상비율을 결정하며, 관련 형사사건 결과를 고려해 배상비율을 더 상향하지 않는다.

실제 그간 진행된 저축은행 후순위사채, 동양증권 CP 등의 사건뿐만 아니라 최근의 DLF 분쟁조정결정 예에서도 그러한 사실을 확인할 수 있다.

반면 소송은 그 반대의 장단점이 있다. 분쟁조정과 달리 당사자가 주도해 소송을 이끌어 가야 하는 변론주의가 원칙이며 인지대 등 비용소요와 소송기간이 상당히 걸린다는 단점이 있다. 다만 소송은 불완전판매뿐 아니라 관련 금융기관 자체의 사기 내지 사기적 부정거래 등의 쟁점도 광범

위하게 다룰 수 있으며 금융기관뿐 아니라 관련 당사자와 함께 연대해 책임을 물을 수 있다.

만약 금융기관 또는 그 대표자가 상품구성 및 판매상의 사기를 한 것이 형사판결로 드러나는 경우, 고의 내지 큰 과실이 문제가 된다. 이때 굳이 불완전판매라는 작은 과실에 얽매일 필요는 없으므로 바로 민사소송을 제기하는 것이 바람직하다. 특히 이 경우 소송에서의 배상비율은 불완전판매의 그것보다 훨씬 더 높게 인정될 수 있다.

위의 논의는 일반론이므로 만약 위 두 사건의 피해자가 오늘 필자에게 그 대응방법을 물어보면 다음과 같을 것이다.

먼저 DLF 사건의 피해자라면 금융분쟁조정신청이 더 좋겠다는 조언을 해 줄 것이다. 가령 독일 국채 10년물 기준 DLF는 투자기간 동안 금리가 -0.2% 밑으로 떨어지지 않을 경우 투자자는 5% 전후의 수익을 버는 데 그치고, 그 반대의 경우 원금 전체를 잃을 수도 있는 상품이었다. 말도 안 되는 내기였던 셈이다. 내기 상대방, 즉 돈을 가져간 쪽은 우리나라 투자자들과 반대로 세계 금리가 마이너스 밑으로 크게 떨어질 것이라 예상하고 금리 하락에 베팅한 외국인 투자자와 상품을 설계한 외국은행으로 보인다.

더불어 현재까지 이를 판매한 국내 은행들이 사기 내지 사기적 부정거래에 관여했다는 내용이 밝혀진 바 없고 그 가능성도 희박하기에 불완전판매 쟁점만 남았다고 판단된다.

하지만 금감원은 이런 말도 되지 않는 내기 판을 고객에게 소개했다는 점을 고려해서인지 은행의 '내부통제 부실'이라는 원인으로 20%의 배상비율을 일률적 기준으로 삼았다. 결국 DLF의 경우 금융분쟁조정을 신청하는 것이 현 상황에서는 더 바람직해 보인다.

하지만 라임 피해자에게는 일단 상황을 지켜보고 결정해도 늦지 않을 것이라고 조언하겠다. 우선 만기 때 손실 여부가 바로 확정되는 DLF와 달리 라임상품에 대한 환매중단이 됐다고 해 바로 손실이 확정됐다고 볼 수 없어서다.

더욱이 현재 라임이 판매사를 통해서 투자금을 모집한 무역금융 펀드의 경우, 그 자금 일부가 현지 자산운용사(IIG)의 폰지 사기(Ponzi, 투자자 돈으로 돌려 막는 다단계 사기)에 투자됐다고 한다.

또한 라임 및 일부 금융투자사가 위 현지 자산운용사의 손실 및 폰지 사기를 인지했음에도 투자자를 계속 모집했거나 이에 관여했을 가능성이 높아 금감원은 라임을 사기 혐의로 검찰에 고발예정이다. 더욱이 라임펀드에 대한 실사 결과조차 현재 나오지 않아 사실관계가 매우 불명확한 상태다. 즉 라임의 사기 및 판매사의 라임 사기운용 인식 여부가 어떻게 판가름 되느냐에 따라 대응방법을 달리해야 할 것이다.

라임의 사기나 판매사의 사기 인지(認知)로 밝혀질 경우 판매사와 라임을 공동피고로 한 소송을 제기하는 것이 낫다. 이 경우 큰 배상비율을 인정받을 수 있다. 만일 밝혀지지 않을 경우에는 판매사를 상대로 한 불완전판매 분쟁조정을 하는 것이 바람직하다.

요컨대 DLF와 라임자산운용 피해의 어느 경우든지 피해구제방법은 대중적인 심리에 이끌려 즉흥적으로 선택하기보다 어느 경우든 사실관계를 정확하게 파악해 대응해야 할 것이다.

《대한금융신문》, 2020. 1. 20.)

◇ 라임자산운용 피해 대응, 어떻게 해야 할까

사실관계가 복잡해 전문가도 정리하기 쉽지 않다. 지난해 말 기준 라임의 환매연기 펀드는 4개 모(母) 펀드 및 그와 모(母)·자(子) 관계에 있는 173개 자 펀드가 있다. 투자자의 돈만 있는 것이 아니라 증권사 TRS(Total Return Swap, 총수익스와프)의 돈까지 보태졌고, 1개의 자 펀드가 복수의 모 펀드에 중복 투자되기도 했다.

라임과 신한금투는 펀드 판매 과정에서 모 펀드인 무역금융펀드(플루토 TF-1호)가 '폰지 사기'(다단계 투기금융)에 연루된 사실을 숨긴 것으로 조사됐고 이들은 피해자들에게 펀드가 정상 운용 중인 것처럼 속여 계속 판매한 혐의를 받고 있다. 라임이 투자한 해외 리조트 사업은 실체조차 불분명하다는 이야기도 나온다.

도대체 투자자의 돈이 상품설명서에 기재된 바와 같이 투자됐는지, 투자됐다면 어디에 투자됐는지 알 수도 없는 상황이다.

무역금융펀드는 가장 상황이 심각하다. 총 투자액 6000억 원(5억 달러) 중 개인 투자금은 2400억 원이고, 나머지 3600억 원은 신한금융투자의 대출액(TRS)이다. 전체 투자금 중 절반가량은 사실상 손실이 확정됐고 추가 손실도 우려되는 상황이다.

이런 상황에서 금감원은 현장조사를 거쳐서 분쟁조정을 6월 말 내지 7월 초 마무리 짓는다는 계획이라고 한다. 불법행위가 상당 부분 확인된 무역금융펀드 관련 분쟁조정이 우선 이루어질 것으로 보인다.

아마도 그 배상기준은 가장 최근에 이루어진 해외금리 연계 파생결합펀드(DLF)와 관련된 세부 배상기준에 준용될 것이다. 당시 금감원은 불완전판매(적합성 원칙, 설명의무 위반, 부당권유) 20~40%, 판매사 내부통제 부실책임 20%, 초고위험상품 특성 5%를 합친 배상비율(45~65%)을 기준으로 하되, 피해자별 가감 사유를 고려해 최종 배상비율을 결정했다.

여기서 피해자별 가감 사유에서 가산사유는 예적금 가입목적, 노령자 등의 금융취약계층, 해피콜 부실, 비영리 공익법인의 경우를 의미하고, 차감사유는 최근 10년 내 투자경험이 많은 경우, 매입규모가 큰 경우, 투자상품 이해능력이 확실히 있다고 보이는 경우, 사실상 일임한 경우, 소기업을 제외한 영리법인의 경우를 의미한다.

앞선 DLF 사건처럼 이번 라임 사태 관련해서도 판매사의 내부통제 부실책임을 이번에도 인정할지는 추이를 지켜보는 상황이다. 일부 판매사의 경우 이미 라임의 부실을 알면서도 판매한 정황이 있다고 조사되고 있어 이들 판매사의 경우 내부통제 부실책임의 책임 가중요소를 피해갈 수 없으리라 본다.

최근 금감원 보도자료를 보면, 금감원은 이례적으로 사기 내지 착오에 의한 계약취소 또한 피해구제 방안으로 고려하고 있는 것으로 보인다. 이 경우 피해자들은 투자금 전체를 반환받을 수 있는 길이 열리기는 한다.

그러나 사기 내지 착오의 경우, 최종 분쟁 해결 기관이라고 할 수 있는 법원에서조차 인정되는 비율이 극히 낮고, 특히 사기의 경우 라임의 사기뿐만 아니라 계약 당사자인 판매사(은행, 증권사)의 사기가 형사재판을 통해서 확정돼야 민사 재판부에서도 이러한 요건사실을 인정할 수 있다. 그러니 관련 당사자의 형사판결은커녕 기소조차 되지 않은 시점에 사기에 의한 계약취소를 피해구제 방안으로 고려하는 것은 무리라 본다.

더욱이 금융분쟁조정은 투자자와 금융기관 모두 동의해야 조정이 성립되는데, 투자금의 최종 수취 당사자도 아닌 은행 등 판매사가 투자금의 100% 모두 돌려주라는 조정결정을 받아들일 가능성도 거의 없어서 분쟁조정 결렬만 야기할 것이다.

피해 대응의 또 다른 한 축인 소송을 살펴보자. 현재로서는 금융 전문 변호사인 필자조차도 불완전판매 쟁점을 제외하자면, 누구를 상대로, 무슨 원인으로 소송을 제기해야 할지 잘 모르겠다. 즉 소송을 제기하기 위한 사실관계가 아직 성숙되지 않았다는 것이다.

다만 한 가지 생각해 볼 수 있는 것은 무역금융펀드가 정상 운용 중인 것처럼 피해자들을 속여 계속 판매한 혐의로 신한금융투자 관련 임원이 최근 구속됐는데, 이 사람이 동일한 내용으로 기소된 경우, 판매사 신한금융투자를 통해서 무역금융펀드를 투자한 당사자들은 신한금투와 라임을 상대로 투자금반환소송을 고려할 수 있다.

하지만 이마저도 투자자들이 해당 펀드에 가입한 시기에 따라 사기 여부가 달라질 가능성이 커 차후 기소내용을 면밀히 검토 후 소송제기 여부를 결정해야 할 것이다.

결론적으로 최근 10년 내 파생상품 등 금융상품 투자 경험이 아주 많고 투자상품 이해능력이 상당하며 투자금액이 큰 개인(영리법인 포함)을 제외한 당사자들은 우선 금융분쟁조정을 신청하는 것이 바람직하다.

소송은 현재 문제되는 관련 당사자들의 형사소송, 즉 기소 등의 절차가 어느 정도 정리된 다음에 제기해도 늦지 않다. 더욱이 불완전판매 쟁점에 한정된 금융분쟁조정 결정에 따라 조정금을 받은 후 다시 형사재판에 따라 착오 내지 사기의 사실관계가 확정될 경우 관련 당사자들을 상대로 얼마든지 소송을 제기해 추가로 배상받을 수 있다. 실제로 필자는 동양그룹 부도 사태 때 금융분쟁조정 결정을 이미 받은 당사자들을 대리해 사기를 원인으로 유안타증권을 상대로 소송을 제기해 추가배상금을 받은 바 있다.

욕속부달(欲速不達)이라는 말이 있다. 당장의 조급함으로 오히려 불리한 결과를 초래하는 일은 없어야 할 것이다.

《대한금융신문》, 2020. 4. 13.)

◇ 라임자산운용 분조위 결정에 부쳐

최근 금융분쟁조정위원회(분조위)는 무역금융펀드와 관련해 '투자자에게 투자원금 전액을 반환하라'라는 조정결정을 내렸다.

2013년도 동양 사태의 경과를 처음부터 지켜보고 당시 피해자들을 대리해 여러 소송과 대법원 판결까지 받은 필자로서는 당시 상황과 비교해 보면 그간의 격세지감(隔世之感)을 느끼면서도 참으로 환영할 만한 결정이라고 생각한다.

이에 필자는 분조위가 무역금융펀드를 판매한 판매사들에 투자원금의 100%를 반환하라고 조정결정을 내린 근거가 된 '착오' 법리에 대해서 설명드리고자 한다.

분조위가 무역금융펀드에 대해 법률행위 내용 중 중요 부분에 착오를 인정한 이유는 라임이 투자제안서상 수익률 및 투자위험 등 핵심정보를 허위·부실하게 기재했는데도 판매사는 면밀한 검토 없이 그대로 투자자에게 제공하거나 설명해 투자자들의 착오를 유발했다는 점이다.

아울러 판매자의 허위 투자정보 설명, 투자자 성향 임의기재 등으로 투자자들의 합리적인 투자판단 기회를 박탈한 점을 고려할 때 투자자들에게 그 착오에 있어 중대한 과실이 있다고 보기 어렵다고 봐 투자계약의 취소를 인정한 것이다.

이 같은 분조위의 결정에 대해 먼저 판매사들 자신도 라임에 속은 피해자이니 원금반환 결정은 가혹하다는 주장이 있다. 이와 관련해 사례를 들어 설명해 보겠다. 어떤 사람이 치과병원과 금니(99.9%의 순도)를 씌우기로 하는 시술계약을 체결하고 거기에 맞는 돈을 병원에 지불한 뒤 금니를 씌었는데, 알고 보니 그 금니는 겉면만 금빛이지 2%의 순도도 안 되는 부실한 금니로 판명됐다. 금니를 제공하는 외주업체가 병원에 순도 표시가 엉터리인 금니 재료를 제공했고, 전문가인 병원은 약간의 주의의무만 기울이면 순도가 이상하다는 것을 알 수 있었던 상황임에도 면밀한 검토 없이 그 재료로 환자에 금니를 씌운 것이다.

이런 금니 시술계약에 있어 금니의 순도에 따라 가격이 결정되므로 형편없는 금니임을 알았다면 환자는 당연히 그 가격을 지불하지 않았을 것이다. 즉 고객은 계약을 취소할 수 있고, 병원에 금니비용의 반환을 청구할 수 있다. 병원이 고객을 기망한 것은 아니라도 금니 값을 반환해 주는 것이 상식이며, 병원이 외주업체에게 책임을 묻는 것은 고객과 무관한 것이다.

한편 금감원은 '소비자의 중과실 등도 따져야 하기 때문에 모두 원금 전액을 돌려받지 못할 수 있다'라고 밝힌 바 있다. 중과실이라 함은 '표의자(表意者)의 직업, 행위의 종류, 목적 등에 비춰 보통 요구되는 주의를 현저히 결여하는 것을 의미'한다. 금감원의 이러한 의견에도 맹점이 있다.

사례에 빗대자면, 일반 아파트매매계약에 있어 매수인은 소위 '임장'도 가 보고, 해당 아파트에 대한 정보를 주의를 기울여 알아볼 수 있지만, 이번 사건의 핵심인 무역금융펀드의 경우, 그 내용에 대해 전문가인 판매사의 설명에 전적으로 의존해 투자계약을 결정할 수밖에 없다. 그 무역금융이 제대로 작동하고 있는지, 부실한지 개인들로서는 도저히 알 수 없다는 점에 비춰 소비자에게 중과실 요건 유무를 따진다는 것은 무리다.

아무튼 주사위는 던져졌으므로 판매사의 수락 여부를 지켜봐야 할 것[45]이다. 다만 일부 사건은 결국 소송을 거칠 수밖에 없을 것이다.

과거 동양사건의 원고들을 소송대리하면서 아쉬웠던 점은 당시 이루어졌던 분쟁조정의 사실관계 중 몇 가지에 대해서 금감원에 사실조회를 했으나, '분쟁조정결정에 필요한 안건 관련 자료 등을 공개할 수 없다'라는 답변만 받은 것이다.

정보의 편재상 이번 조정을 위해서 금감원이 취합한 사실관계에 대해서 금감원은 소송이 제기된 법원에 적극적으로 관련 자료를 회신하길 바란다.

《파이낸셜뉴스》, 2020. 7. 4.)

---

45 판매사들은 2020년 8월경 결국 위 결정을 수락하였다. 아마도 귀책사유가 있는 신한금투에 고객에게 지급한 투자금 상당의 반환금을 구상할 수 있다고 판단한 것으로 보이고 실제 신한금투의 해당 본부장은 라임 무역금융펀드의 부실을 알고도 신한금융투자를 통해 480억 원 상당의 펀드를 판매한 혐의 등으로 2020년 9월경 1심에서 8년형을 선고받았다.

에필로그

이 책을 준비하면서 그동안 진행하였던 사건기록을 다시 넘겨 보니 참으로 '이 사건은 진짜 열심히 했구나'라는 생각이 스쳐 지나갔습니다.

판결문은 짧게는 소액재판처럼 판결이유가 없거나 1~2장일 수도 있고 많게는 수십 장이지만, 그 결과를 이끌어 내기 위해서 수십 번을 고쳐 쓴 준비서면 수정초안도 저장되어 있었고 판사가 변론종결 시 사건에 대해서 어떤 언급을 하였는데 변론 재개신청을 할까 말까 하는 고민으로 밤을 지새웠던 기억도 납니다.

판사의 핀잔에, 상대방 변호사의 자존심 상하는 표현에 상처받을 때도 있었지만 누구보다도 열심히 했던 건 제가 하고 싶었던 일이기 때문에, 꿈꿔 왔던 법정이었기 때문입니다.

몇 년 전 한참 여러 건의 동양증권 상대 손해배상 사건이 진행 중이었습니다. 그중 한 사건의 변론기일이었고 우연히 변론시간 30분 전에 일찍 와 방청석에 앉게 되었습니다.

당시 재판장께서 "이성우 변호사님 오늘 일찍 오셨네요"라고 하셔서서 깜짝 놀란 적이 있었습니다. 해당 사건의 재판이 상당기간 진행되어 어느 정도 낯이 익기는 했겠지만 저를 기억하고 이름 자체를 호명하는 것만으로 감사했습니다. 나중에 알고 보니 그분은 매년 지방변호사회 우수평가를 놓치지 않았고 동기들 중에서도 제일 빨리 고등부장판사가 되기도 하셨더군요.

백상예술대상에서 축하공연 중 33인 단역배우들이 불렀던 〈꿈을 꾼다〉('김과장' OST)라는 무대가 생각납니다. 그 축하공연에서 오랫동안 단역을 거쳤을 유해진 영화배우의 눈물을 보니 저도 모르게 코끝이 찡했습니다. 노래 중간에 단역배우들이 자신들이 생각하는 '연기와 배우란 것이 무엇인가'에 대해 내레이션 하는 부분이 있었습니다.

'배우란 내가 가장 듣고 싶은 말입니다', '새로운 역할을 하는 즐거움', '사람들이 저를 배우로서 기억해 주는 것', '연기를 하는 순간이 제일 설레고 가슴 뛰는 순간입니다', '앞으로도 오랫동안 배우로 남고 싶습니다'라는 내레이션이 있었는데요.

변호사인 저도 마찬가지인 것 같습니다.

변호사와 변론이 어떤 의미인지 제게 물어본다면, '변호사란 제가 가장 듣고 싶은 말이고 의뢰인들이 저를 당신의 사건을 누구보다도 열심히 수행하고 있는, 수행하였던 변호사로 기억해 주는 것, 새로운 사건을 하는 즐거움, 법정에서 변론하는 것은 항상 긴장되고 힘들지만 제일 보람된 순간이라는 것, 앞으로도 당신의 변호사로 남고 싶은 것'이라고 대답하고 싶습니다.

그래서 가수 서영은님의 〈꿈을 꾼다〉의 가사 중 일부로 이 책을 마무리하고자 합니다.

꿈을 꾼다
잠시 힘겨운 날도 있겠지만
한 걸음 한 걸음
내일을 향해 나는 꿈을 꾼다

꿈을 꾼다
잠시 외로운 날도 있겠지만
세월이 흘러서
시간이 가면 모두 지나간다

꿈을 꾼다
잠시 힘겨운 날도 있겠지만
한 걸음 한 걸음
내일을 향해 나는 꿈을 꾼다
행복한 꿈을 꾼다.

참고자료

"'동양 사태' 피해자 779명 손배소 제기",《연합뉴스》, 2014. 1. 21.

"과연 고객의 책임인가",《파이낸셜뉴스》fn논단, 2015. 5. 25.

"1조 7000억 피해 '동양 사태' 민사 첫 대법 판결…, 불완전판매 손실 60% 배상해야",《한국경제신문》, 2018. 7. 4.

"저축은행 피해자 눈물 닦아주길",《서울신문》, 2011. 10. 6.

"삼화저축은행 피해자 22명… 신삼길-금감원장에 손배소",《동아일보》, 2011. 6. 6.

"법원 "삼화저축銀, 후순위채 70% 배상" 피해자 몫 이례적 큰폭 인정",《한국경제신문》, 2013. 11. 9.

"삼화저축은행 투자자, 원금 절반 돌려받는다",《한국경제신문》, 2016. 6. 16.

"겉만 가계대출인 PF… 5년 지나면 채무 없어져",《한국경제신문》, 2015. 10. 13.

"[판결] 예금주 동의 없이 송금 취소 못해",《법률신문》, 2014. 12. 18.

"금융범죄 손해배상 소멸시효, 이대로 괜찮나",《서울신문》, 2018. 6. 25.

"검찰, '유령주식 매도' 삼성증권 직원 4명 구속영장 청구",《연합뉴스》, 2018. 6. 19.

"삼성증권 '유령주식' 배당 제문제에 대한 법적 쟁점", 《대한금융신문》, 2018. 4. 12.

"금융사기 사건의 실체", 《대한금융신문》, 2019. 4. 15.

"금융사기(유사수신 포함) 피해 예방법", 《대한금융신문》, 2019. 5. 13.

"금융사기 피해의 올바른 대처법", 《대한금융신문》, 2019. 10. 14.

"아니 이런 부당한 법이", 《파이낸셜뉴스》, 2014. 10. 30.

"마지막 사법시험과 합격기", 《메트로신문》, 2017. 10. 19.

"부동산 거래관행 고쳐야", 《파이낸셜뉴스》, 2014. 3. 18.

"들어 주는 재판이 되어야", 《법률저널》, 2010. 03. 05.

"송무냐 자문이냐", 《법률저널》, 2010. 4. 9.

"치열한 증인신문", 《법률저널》, 2010. 6. 25.

"금융소비자보호 혼연일체", 《파이낸셜뉴스》, 2015. 3. 30.

"법적 분쟁의 '골든타임'", 《파이낸셜뉴스》, 2015. 1. 28.

"'갑질' 금지 가처분", 《파이낸셜뉴스》, 2015. 3. 2.

"착오송금의 법률관계", 《파이낸셜뉴스》, 2015. 10. 14.

"소송비용담보제도 활성화해야", 《파이낸셜뉴스》, 2015. 11. 11.

"주식리딩사기 사건에 대한 소고(小考)", 《대한금융신문》, 2020. 5. 27.

"DLF · 라임사태 피해 대응법은", 《대한금융신문》, 2020. 1. 20.

"라임자산운용 피해 대응, 어떻게 해야 할까", 《대한금융신문》, 2020. 4. 13.

"라임자산운용 분조위 결정에 부쳐", 《파이낸셜뉴스》, 2020. 7. 4.